# Learn Mandarin with Species Identification Guide for Blind Dates

HypLern Interlinear Project
www.hyplern.com

First edition: 2025, November
Author: Xiaomeng Ma
Translation: Michael Nock
Foreword: Camilo Andrés Bonilla Carvajal PhD

ISBN: 978-1-83425-105-9
kees@hyplern.com
www.hyplern.com

# Learn Mandarin with Species Identification Guide for Blind Dates

*Interlinear Mandarin to English*

## Author
Xiaomeng Ma

## Translation
Michael Nock

HypLern Interlinear Project
www.hyplern.com

# The HypLern Method

Learning a foreign language should not mean leafing through page after page in a bilingual dictionary until one's fingertips begin to hurt. Quite the contrary, through everyday language use, friendly reading, and direct exposure to the language we can get well on our way towards mastery of the vocabulary and grammar needed to read native texts. In this manner, learners can be successful in the foreign language without too much study of grammar paradigms or rules. Indeed, Seneca expresses in his sixth epistle that "Longum iter est per praecepta, breve et efficax per exempla[1]."

The HypLern series constitutes an effort to provide a highly effective tool for experiential foreign language learning. Those who are genuinely interested in utilizing original literary works to learn a foreign language do not have to use conventional graded texts or adapted versions for novice readers. The former only distort the actual essence of literary works, while the latter are highly reduced in vocabulary and relevant content. This collection aims to bring the lively experience of reading stories as directly told by their very authors to foreign language learners.

Most excited adult language learners will at some point seek their teachers' guidance on the process of learning to read in the foreign language rather than seeking out external opinions. However, both teachers and learners lack a general reading technique or strategy. Oftentimes, students undertake the reading task equipped with nothing more than a bilingual dictionary, a grammar book, and lots of courage. These efforts often end in frustration as the student builds mis-constructed nonsensical sentences after many hours spent on an aimless translation drill.

Consequently, we have decided to develop this series of interlinear translations intended to afford a comprehensive edition of unabridged texts. These texts are presented as they were originally written with no changes in word choice or order. As a result, we have a translated piece conveying the true meaning under every word from the original work. Our readers receive then two books in just one volume: the original version and its translation.

The reading task is no longer a laborious exercise of patiently decoding unclear and seemingly complex paragraphs. What's more, reading becomes an enjoyable and meaningful process of cultural, philosophical and linguistic learning. Independent learners can then acquire expressions and vocabulary while understanding pragmatic and socio-cultural dimensions of the target language by reading in it rather than reading about it.

Our proposal, however, does not claim to be a novelty. Interlinear translation is as old as the Spanish tongue, e.g. "glosses of [Saint] Emilianus", interlinear bibles in Old German, and of course James Hamilton's work in the 1800s. About the latter, we remind the readers, that as a revolutionary freethinker he promoted the publication of Greco-Roman classic works and further pieces in diverse languages. His effort, such as ours, sought to lighten the exhausting task of looking words up in large glossaries as an educational practice: "if there is any thing which fills reflecting men with melancholy and regret, it is the waste of mortal time, parental money, and puerile happiness, in the present method of pursuing Latin and Greek[2]".

Additionally, another influential figure in the same line of thought as Hamilton was John Locke. Locke was also the philosopher and translator of the Fabulae AEsopi in an interlinear plan. In 1600, he was already suggesting that interlinear texts, everyday communication, and use of the target language could be the most appropriate ways to achieve language learning:

> ...the true and genuine Way, and that which I would propose, not only as the easiest and best, wherein a Child might, without pains or Chiding, get a Language which others are wont to be whipt for at School six or seven Years together...[3]

---

1   "The journey is long through precepts, but brief and effective through examples". Seneca, Lucius Annaeus. (1961) Ad Lucilium Epistulae Morales, vol. I. London: W. Heinemann.

2   In: Hamilton, James (1829?) History, principles, practice and results of the Hamiltonian system, with answers to the Edinburgh and Westminster reviews; A lecture delivered at Liverpool; and instructions for the use of the books published on the system. Londres: W. Aylott and Co., 8, Pater Noster Row. p. 29.

3   In: Locke, John. (1693) Some thoughts concerning education. Londres: A. and J. Churchill. pp. 196-7.

# Who can benefit from this edition?

We identify three kinds of readers, namely, those who take this work as a search tool, those who want to learn a language by reading authentic materials, and those attempting to read writers in their original language. The HypLern collection constitutes a very effective instrument for all of them.

1. For the first target audience, this edition represents a search tool to connect their mother tongue with that of the writer's. Therefore, they have the opportunity to read over an original literary work in an enriching and certain manner.
2. For the second group, reading every word or idiomatic expression in its actual context of use will yield a strong association between the form, the collocation, and the context. This will have a direct impact on long term learning of passive vocabulary, gradually building genuine reading ability in the original language. This book is an ideal companion not only to independent learners but also to those who take lessons with a teacher. At the same time, the continuous feeling of achievement produced during the process of reading original authors both stimulates and empowers the learner to study[1].
3. Finally, the third kind of reader will notice the same benefits as the previous ones. The proximity of a word and its translation in our interlinear texts is a step further from other collections, such as the Loeb Classical Library. Although their works might be considered the most famous in this genre, the presentation of texts on opposite pages hinders the immediate link between words and their semantic equivalence in our native tongue (or one we have a strong mastery of).

---

1 Some further ways of using the present work include:

1. As you progress through the stories, focus less on the lower line (the English translation). Instead, try to read through the upper line, staying in the foreign language as long as possible.
2. Even if you find glosses or explanatory footnotes about the mechanics of the language, you should make your own hypotheses on word formation and syntactical functions in a sentence. Feel confident about inferring your own language rules and test them progressively. You can also take notes concerning those idiomatic expressions or special language usage that calls your attention for later study.
3. As soon as you finish each text, check the reading in the original version (with no interlinear or parallel translation). This will fulfil the main goal of this

collection: bridging the gap between readers and original literary works, training them to read directly and independently.

## Why interlinear?

Conventionally speaking, tiresome reading in tricky and exhausting circumstances has been the common definition of learning by texts. This collection offers a friendly reading format where the language is not a stumbling block anymore. Contrastively, our collection presents a language as a vehicle through which readers can attain and understand their authors' written ideas.

While learning to read, most people are urged to use the dictionary and distinguish words from multiple entries. We help readers skip this step by providing the proper translation based on the surrounding context. In so doing, readers have the chance to invest energy and time in understanding the text and learning vocabulary; they read quickly and easily like a skilled horseman cantering through a book.

Thereby we stress the fact that our proposal is not new at all. Others have tried the same before, coming up with evident and substantial outcomes. Certainly, we are not pioneers in designing interlinear texts. Nonetheless, we are nowadays the only, and doubtless, the best, in providing you with interlinear foreign language texts.

## Handling instructions

Using this book is very easy. Each text should be read at least three times in order to explore the whole potential of the method. The first phase is devoted to comparing words in the foreign language to those in the mother tongue. This is to say, the upper line is contrasted to the lower line as the following example shows:

| 相亲, | 英文 | 叫做 | blind | date。 | 但是 |
|---|---|---|---|---|---|
| Xiangqin | in English | is called | blind | date | However |

| 两 | 种 | 文化 | 背景 | 下, | 对于 | 这个 | 词语 | 的 | 解读 |
|---|---|---|---|---|---|---|---|---|---|
| two | types | cultural | background | under | to | this | word | of | interpretation |
| | | with different cultures | | | | | | | |

| 似乎 | 不 | 尽 | 相同。 |
|---|---|---|---|
| seems | not | completely | (the) same |

The second phase of reading focuses on capturing the meaning and sense of the original text. As readers gain practice with the method, they should be able to focus on the target language without getting distracted by the translation. New users of the method, however, may find it helpful to cover the translated lines with a piece of paper as illustrated in the image below. Subsequently, they try to understand the meaning of every word, phrase, and entire sentences in the target language itself, drawing on the translation only when necessary. In this phase, the reader should resist the temptation to look at the translation for every word. In doing so, they will find that they are able to understand a good portion of the text by reading directly in the target language, without the crutch of the translation. This is the skill we are looking to train: the ability to read and understand native materials and enjoy them as native speakers do, that being, directly in the original language.

| 相亲, | 英文 | 叫做 | blind | date。 | 但是 |
|---|---|---|---|---|---|
| Xiangqin | in Eng | | | | ver |

| 两 | 种 | 文化 | | | tion |
|---|---|---|---|---|---|
| two | types | cultural | | | |
| | | with differe | | | |

| 似乎 | 不 | 尽 | 相同。 |
|---|---|---|---|
| seems | not | completely | (the) same |

In the final phase, readers will be able to understand the meaning of the text when reading it without additional help. There may be some less common words and phrases which have not cemented themselves yet in the reader's brain, but the majority of the story should not pose any problems. If desired, the reader can use an SRS or some other memorization method to learning these straggling words.

---

相亲， 英文 叫做 blind date。 但是 两 种 文化 背景 下， 对于 这个 词语 的 解读 似乎 不 尽 相同。

---

Above all, readers will not have to look every word up in a dictionary to read a text in the foreign language. This otherwise wasted time will be spent concentrating on their principal interest. These new readers will tackle authentic texts while learning their vocabulary and expressions to use in further communicative (written or oral) situations. This book is just one work from an overall series with the same purpose. It really helps those who are afraid of having "poor vocabulary" to feel confident about reading directly in the language. To all of them and to all of you, welcome to the amazing experience of living a foreign language!

## Additional tools

Check out shop.hyplern.com or contact us at info@hyplern.com for free mp3s (if available) and free empty (untranslated) versions of the eBooks that we have on offer.

For some of the older eBooks and paperbacks we have Windows, iOS and Android apps available that, next to the interlinear format, allow for a pop-up format, where hovering over a word or clicking on it gives you its meaning. The apps also have any mp3s, if available, and integrated vocabulary practice.

Visit the site hyplern.com for the same functionality online. This is where we will be working non-stop to make all our material available in multiple formats, including audio where available, and vocabulary practice.

# Table of Contents

# 相亲 物种 鉴定 指南

----

相亲，英文 叫做 blind date。但是

Xiāngqīn, yīngwén jiàozuò blind date. Dànshì
Xiangqin in English is called blind date However

两 种 文化 背景 下, 对于 这个 词语 的

liǎng zhǒng wénhuà bèijǐng xià, duìyú zhège cíyǔ de
two types cultural background under to this word of
with different cultures

解读 似乎 不 尽 相同。

jiědú sìhū bù jìn xiāngtóng.
interpretation seems not completely (the) same

如果 你 问 沈小白 听到 "相亲" 这个 词儿

Rúguǒ nǐ wèn shěnxiǎobái tīngdào "xiāngqīn" zhège cíer
if you ask Shen Xiaobai hears blind date this word

现在 什么 反应, 沈小白 绝对 能 一 蹦

xiànzài shénme fǎnyìng, shěnxiǎobái juéduì néng yī bèng
now what reaction Shen Xiaobai definitely can one hop
causes this reaction in one hop

蹦 到 3 米 开外 的 地方, 并且 一边

bèng dào 3 mǐ kāiwài de dìfāng, bìngqiě yībiān
jump to three metres over that place and while

尖叫, 一边 条件 反射 般 脱口而出 "妈妈

jiānjiào, yībiān tiáojiàn fǎnshè bān tuōkǒu'érchū "māmā
screaming while conditioned reflex alike blurt out Mama

呀， 你 可 饶了我 吧！" 并且
ya, nǐ kě ráole wǒ ba!" Bìngqiě
— you just let off me — and
leave me alone

声 泪 俱 下， 连连 求 饶。 我 大笑地
shēng lèi jù xià, liánlián qiú ráo. Wǒ dàxiàode
voice tear all down repeatedly beg for mercy I with laughter
in a tearful voice

看着 沈小白的 惨 样 儿： "我 说， 你 至于
kànzhe shěnxiǎobáide cǎn yàng er: "Wǒ shuō, nǐ zhìyú
looked at Shen Xiaobai's poor face — I say you really

吗? 怎么 都 给 你 吓 成 这样了， 这 还是
ma? Zěnme dōu gěi nǐ xià chéng zhèyàngle, zhè háishì
— how all to you scare as like this this still is

我们 说 一 不 二 的 沈 大 编辑 吗? 你
wǒmen shuō yī bù èr de shěn dà biānjí ma? Nǐ
our says one no two who Shen great editor — you
mean what she says

这副 样子 活像 一只 和 族群 走 散，
zhèfù yàngzi huóxiàng yīzhǐ hé zúqún zǒu sàn,
this aspect exactly like one with herd goes seperatedly

回头 一看 狮子 就 在 眼跟前 的 雌性
huítóu yīkàn shīzi jiù zài yǎngēnqián de cíxìng
turn aound to see lion just in front of the eys that female

狒狒。" 沈小白 顶着 自己 被 气 得
fèifèi." shěnxiǎobái dǐngzhe zìjǐ bèi qì de
baboon Shen Xiaobai with herself by angry -link a verb-
that

hóng de xiàng fèifèi pìgu de liǎn, hěnhěnde wānle
红 得 像 狒狒 屁股 的 脸, 狠狠地 剜了
red so like baboon bottom that face harshly to cut out / gave (a look)

wǒ yīyǎn." Nǐ jiù dèse ba, nǐmen jiā xiànzài bù
我 一眼。 "你 就 嘚瑟 吧, 你们 家 现在 不
me one look you just are cocky — your familiy now not

bī nǐ, kànkàn zài guò gè liǎng sān nián, nǐ
逼 你, 看看 再 过 个 两 三 年, 你
forces you let's see more pass — two three years your

mā huìbùhuì zhěng tiān huǒjíhuǒliǎo de gěi nǐ
妈 会不会 整 天 火急火燎 地 给 你
mum whether or not all day extremely anxious -ly- to you

jièshào duìxiàng"? Shuō wán biàn yī liǎn chóuchàng
介绍 对象"? 说 完 便 一 脸 惆怅
introduce(d) partner(s) saying finished then one face melancho

de tuō sāi fādāi.
地 托 腮 发呆。
-ly- held cheeks stare blankly

shěnxiǎobái, sānshíyī suì, guónèi mǒu yīliáo
沈小白, 三十一 岁, 国内 某 医疗
Shen Xiaobai thirty one years old in the nation some medicial

zázhì biānjí. Chūshēn xiǎochéng de tā dàxué
杂志 编辑。 出身 小城 的 她 大学
magizine editor comes from small town who she university

毕业 后 来 一线 城市 打拼。 毫无
bìyè hòu lái yīxiàn chéngshì dǎpīn. Háowú
graduating after came first tier city to strive without any

背景 的 小 姑娘 想 在 陌生的 城市
bèijǐng de xiǎo gūniáng xiǎng zài mòshēngde chéngshì
background that litte girl wants to in strange city

站 稳 脚跟 还是 很 不 容易的。 用 她
zhàn wěn jiǎogēn háishì hěn bù róngyìde. Yòng tā
to stand steady heel is still very no easy with her
to have a firm foothold

自己 的 话 说 就是 "一路 跌跌撞撞,
zìjǐ de huà shuō jiùshì "yīlù diédiézhuàngzhuàng,
herself 's words say that is all the way stumble around

一 不 小心 就 摔 进了 奔三 的 年头。"
yī bù xiǎoxīn jiù shuāi jìnle bēnsān de niántóu."
-once- not careful then fall into to be thirty of year

所幸 所有的 努力 还是 看 得到 回报,
Suǒxìng suǒyǒude nǔlì háishì kàn dédào huíbào,
what is glad all efforts are still seen to gain return

事业 和 生活 也 算 步 入了 正轨。
shìyè hé shēnghuó yě suàn bù rùle zhèngguǐ.
career and life also counts step into the right path

唯一的 问题 就是 "个人 问题" 至今 还 没有
Wéiyīde wèntí jiùshì "gèrén wèntí" zhìjīn hái méiyǒu
only problem is personal problem until now still not

解决，来来去去 也有 一些 对象，但 总是
solve / come and go / also has / some / partners / yet / always

因为 各种各样的 原因 分开了。 沈小白
because of / different kinds of / reason / seperate / Shen Xiaobai

也 能 想得开， 在她看来， 婚姻 只不过
also / can / thinks at the right side / to her / marriage / just

是 一 种 生活 方式， 并 不是 人生的
is / a / kind of / life / way / but / not / of life

必须， 她 有 属于 自己 的 人生理想 去
necessity / she / has / belongs to / herself / 's / dreams / to

实现。
realise

但是 沈小白 的 妈， 一位 传统的 中国
However / Shen Xiaobai / 's / mum / a / traditional / Chinese

妇女， 她 不是 这么 想 的。 在 他们 那个
woman / she / is not / like this / think / — / in / their / that

xiǎochéng, sānshí suì hái bù jiéhūn de
小城, 三十 岁 还 不 结婚 的
small town / thirty / years old / still / not / get married / who

nánnánnǚnǚ, nà chūmén shì yào bèi biérén
男男女女, 那 出门 是 要 被 别人
men and women / that / go out / are / to / by / the others

zhǐzhǐdiǎndiǎnde. Zǒng yǒurén
指指点点的。 总 有人
to be judged / always / there is someone

páng qiāo cè jī de wèn shénxiǎobái tā mā, tā
旁 敲 侧 击 地 问 沈小白 她 妈, 她
side / knock / side / hit / -ly- insinuately / asked / Shen Xiaobai / her / mum / her

guīnǚ shìbùshì yǒu shéme wèntí. Zhè bù, qián
闺女 是不是 有 什么 问题。 这 不, 前
daughter / to be or not / has / what / problem / this / not / before ago

jǐ tiān chūmén hé tāmen xiǎoqū de lǎo tàitài
几 天 出门 和 他们 小区 的 老 太太
a few / days / went out / with / their / community / of / old / ladies

tiào guǎngchǎng wǔ, xiánliáo deshíhòu yòu bèi
跳 广场 舞, 闲聊 的时候 又 被
danced / square / dances / chat / when / again / was (by)

chuōle fèi guǎnzi, shénxiǎobái tā mā yī tòng
戳了 肺 管子, 沈小白 她 妈 一 通
poked / lungs / tube / Shen Xiaobai / her / mum / one / -for calls-

电话 轰炸，从 礼 义 廉
diànhuà hōngzhà, cóng lǐ yì lián
call bombarded from propriety righteousness honesty

孝，再 到 女人 的 生理 发展，
xiào, zài dào nǚrén de shēnglǐ fāzhǎn,
filial piety then to women 's physical development

老 无 所 依 的 晚景 凄凉，
lǎo wú suǒ yī de wǎnjǐng qīliáng,
old without that which rely on of later years desolated

without anyone to lie on when getting old

她 妈 又 将 念叨了 很多 遍 的
tā mā yòu jiāng niàndaole hěnduō biàn de
her mom again -to- nagged about many times that

陈词滥调 重新 添 油 加 醋，再说了 一遍。
chéncílàndiào chóngxīn tiān yóu jiā cù, zàishuōle yībiàn.
cliches again add oil add vinegar said again once

to exaggerate

沈小白 对 这些 早 有 抵抗，本
shénxiǎobái duì zhèxiē zǎo yǒu dǐkàn, běn
Shen Xiaobai to these long ago has resistance is supposed to

以为，她 妈 仍然 会 像 以前 一样
yǐwéi, tā mā réngrán huì xiàng yǐqián yīyàng
think her mum still would like before the same

虽然 闹一闹 但是 只要 她
suīrán nàoyínào dànshì zhǐyào tā
although made a scene but as long as she

威 逼 利 诱， 动 之 以
wēi bī lì yòu, dòng zhī yǐ
to threaten / to force / advantage / to entice / to move / -someone- / with
threaten and bribe

情 晓 之 以 理， 最后 虽然
qíng xiǎo zhī yǐ lǐ, zuìhòu suīrán
affection / enlighten / -someone- / with / reasons / in the end / though

嘴 上 仍然 抱怨， 但 至少 会
zuǐ shàng réngrán bàoyuàn, dàn zhìshǎo huì
mouth / on / still / complained / but / at least / would

偃 旗 息 鼓 一段 时间。
yǎn qí xī gǔ yīduàn shíjiān.
lay down / banner / cease / drums / a period of / time
stop all the activities

没 想到， 这 一次， 沈小白 她 妈
Méi xiǎngdào, zhè yīcì, shěnxiǎobái tā mā
without / without think of / this / time / Shen Xiaobai / her / mom
unexpectedly

在 一群 老 姐妹 的 怂恿 下， 是
zài yīqún lǎo jiěmèi de sǒngyǒng xià, shì
under / a group of / old / sisters / of / egg on / -under- / was

铁 了 心 的 要 把 自己 女儿 嫁
tiě le xīn de yāo bǎ zìjǐ nǚ'ér jià
iron / — / heart / — / have to / -to- / her / daughter / marry
determined / / determined

出去。
chūqù.
off

从此　　沈小白　的　生活　就　从　"工作—
Cóngcǐ shěnxiǎobái de shēnghuó jiù cóng "gōngzuò—
since then Shen Xiaobai 's life then from work

下班"　模式　变　成了　"工作—　下班—　相亲—
xiàbān" móshì biàn chéngle "gōngzuò— xiàbān— xiāngqīn—
off duty pattern changed into work off duty blind date

崩溃"　模式，　我　问　沈小白，　相亲　真的　那么
bēngkuì" móshì, wǒ wèn Shénxiǎobái, xiāngqīn zhēndì nàme
collapse pattern I asked Shen Xiaobai blind date really so

不　靠谱　吗？　沈小白　说，　别人　相亲
bù kàopǔ ma? shěnxiǎobái shuō, biérén xiāngqīn
not reliable — Shen Xiaobai said the others have blind date

要么　就是　自己　真的　想　要　嫁出去，　要么
yàome jiùshì zìjǐ zhēnde xiǎng yào jiàchūqù, yàome
either is themselves really want to get married either

就是　被　父母　逼　到　墙角　不得不
jiùshì bèi fùmǔ bī dào qiángjiǎo bùdébù
is by parents forced to corner have no choice but to

从，　真的　遇到　爱情　的　几率
cóng, zhēnde yùdào àiqíng de jǐlù
follow indeed come across love of odds

小　之　又　小，　她　既然　不　愿意　草草
xiǎo zhī yòu xiǎo, tā jìrán bù yuànyì cǎocǎo
small — again small she now that not is willling to hastily
very little

嫁 人，那 自然 就是 诸多 挑剔，再 加上 也 不是 十六七 岁 对 爱情 充满 幻想 的 小 姑娘，所以 也不是 一 两 句 花言巧语 就 能 哄到的，自然 成功 率 也 就 一 言 难 尽 了。沈小白 说 相亲 就是 一次 见证 人类 品种 的 大好 机会，让 你 可以 看到 包裹 在 人类

皮囊 下 的 各色 奇葩，"不过"，沈小白
pínáng xià de gèsè qípā, "bùguò", shěnxiǎobái
skin under that all kinds of weirdo(s) However Shen Xiaobai

无奈 地 耸 耸 肩，"也许 在
wúnài de sǒng sǒng jiān, "yěxǔ zài
reluctant -ly- to shrug to shrug shoulders maybe in
shrugs (her) shoulders

别人 眼 里，我 也 是 个 奇葩"。
biérén yǎn lǐ, wǒ yě shì gè qípā".
other people's eyes -inside- I also am a weirdo

# 凤凰男一出手，拖家带口全都有

----

沈小白 是不是 奇葩 我 不 知道，但是 她
Shénxiǎobái shì bùshì qípā wǒ bù zhīdào, dànshì tā
Shen Xiaobai / is is not whether or not / weirdo / I / don't / know / but / she

绝对 是 我 身边 敢 想 敢 干 的
juéduì shì wǒ shēnbiān gǎn xiǎng gǎn gàn de
definitely / is / my / by side / dares to think / dares to do / who

第一 人， 这 种 敢想敢干 还 体现
dìyī rén, zhè zhǒng gǎnxiǎnggǎngàn hái tǐxiàn
the first / person / this / kind of / dare to think and do / also / embodies

在 对待 男人 身上， 比如 她的 前
zài duìdài nánrén shēnshang, bǐrú tāde qián
in / treating / men / on the body on / for example / her / ex

男友， 让 我们 暂且 叫 他 A 君。 俩
nányǒu, ràng wǒmen zànqiě jiào tā A jūn. Liǎ
boyfriend / let / us / for the time being / call / him / A / Mr. / two

人 相识 于 校园， 青春 的 荷尔蒙
rén xiāngshí yú xiàoyuán, qīngchūn de hè'ěrméng
-people- / knew each other / in / school / youth / of / hormone

| | | | | | | |
|---|---|---|---|---|---|---|
| jiázázhe | mēnrède | nánfāng | sāngná | tiān, | ràng | rén |
| 夹杂着 | 闷热的 | 南方 | 桑拿 | 天， | 让 | 人 |
| mingled with | sultry | southern | sauna | weather | making | people |

| | | | | | | |
|---|---|---|---|---|---|---|
| yǒu | yī | zhǒng | dǔ | zài | xiōngkǒu | wúfǎ |
| 有 | 一 | 种 | 堵 | 在 | 胸口 | 无法 |
| have | a | kind of (feeling) | struck | in | the chest | cannot |

| | | | |
|---|---|---|---|
| hānchàng | línlí | de | biēmen, |
| 酣畅 | 淋漓 | 的 | 憋闷， |
| with ease and verve to one's heart's content | be free from inhibition | of | depression |

| | | | | | | | | |
|---|---|---|---|---|---|---|---|---|
| yóuqíshì | zài | yīxué | yuànxiào | zhè | zhǒng | zhǎngdé | hěn | xiàng |
| 尤其是 | 在 | 医学 | 院校 | 这 | 种 | 长得 | 很 | 像 |
| especially | in | medical | institution | this | kind | looks | very | like |

| | | | | | | | |
|---|---|---|---|---|---|---|---|
| gāozhōng | plus | bǎn | de | dàxué | lǐ, | yīxiàng | |
| 高中 | plus | 版 | 的 | 大学 | 里， | 一向 | |
| high school | plus | version | of | university | -inside- | has always been | |

| | | | | | | | |
|---|---|---|---|---|---|---|---|
| kuài | yán | kuài | yǔ | shàncháng | zì | hēi | de |
| 快 | 言 | 快 | 语 | 擅长 | 自 | 黑 | 的 |
| quick | words | fast | speak | to be good at | self | black | — |
| | | outspoken | | | | make fun of herself | |

| | | | | | | |
|---|---|---|---|---|---|---|
| shénxiǎobái | kàndào | biànlùn | duì | "rú | zhàn | qún |
| 沈小白 | 看到 | 辩论 | 队 | "儒 | 战 | 群 |
| Shen Xiaobai | saw | debate | team | confucian | to battle | a group of |

| | | | | | |
|---|---|---|---|---|---|
| xióng | yī | zhāng | zuǐ, | biànlùn | |
| 雄 | 一 | 张 | 嘴， | 辩论 | |
| warlords | -once- | -for mouths- | mouth | to debate | |

天下 三 寸 舌" 的 标语 时，感觉
tiānxià sān cùn shé" de biāoyǔ shí, gǎnjué
all around the world — three — inches — tongue — of — slogan — time when — felt

自己 找到了 组织，尽管 她的 辩论
zìjǐ zhǎodàole zǔzhī, jǐnguǎn tāde biànlùn
herself — found — organisation — even though — her — debating

经历 仅 发挥 于 菜 市场、
jīnglì jǐn fāhuī yú cài shìchǎng,
experience — only — be given scope to — in — vegetable — market

服装 店 和 烧烤 摊 儿。
fúzhuāng diàn hé shāokǎo tān er.
costume — shop — and — barbecue — stand —

招募 新人 的 学姐 看到 沈小白 也是
Zhāomù xīnrén de xuéjiě kàndào shénxiǎobái yěshì
recruiting — new members — who — senior (female) — saw — Shen Xiaobai — also

眼前 一 亮，毕竟 如果 知道 就是 站
yǎnqián yī liàng, bìjìng rúguǒ zhīdào jiùshì zhàn
before eyes to be wowed — once — shine — after all — if — knew — that was — standing

在 面前 忽闪着 大 眼睛 的 小 学妹，
zài miànqián hūshǎnzhe dà yǎnjīng de xiǎo xuémèi,
-in- — before — flasing — big — eyes — who — little — junior (female)

抢走了 自己的 男 朋友，她 估计 坚决 不
qiǎngzǒule zìjǐde nán péngyǒu, tā gūjì jiānjué bù
stole — her — boy — friend — she — reckoned — detemined — not

会 让 沈小白 进来。 谁 知 因缘
huì ràng shénxiǎobái jìnlái. Shéi zhī yīnyuán
would let Shen Xiaobai come in / join who knew because of destiny

际会， 沈小白 有时 喝大了 会
jìhuì, shénxiǎobái yǒushí hēdàle huì
(and) happenstance Shen Xiaobai sometimes got drunk would

突然 忏悔， 人类 可能 真的 存在 因果
túrán chànhuǐ, rénlèi kěnéng zhēnde cúnzài yīnguǒ
suddenly confess human being probable really exist karma

报应， 不然 为什么 自己 会 一直
bàoyìng, bùrán wèishéme zìjǐ huì yīzhí
retribution otherwise why himself/herself would always

情 路 坎坷 呢? 总之 沈小白
qíng lù kǎnkě ne? Zǒngzhī shénxiǎobái
relationship path full of frustrations — anyway Shen Xiaobai

就是 凭借着 自己 身上 那 股子 劲 儿
jiùshì píngjièzhe zìjǐ shēnshang nà gǔzi jìn er
was with herself on her body / her that burst energy —

进入了 辩论 社， 并且 一路 从 院
jìnrùle biànlùn shè, bìngqiě yīlù cóng yuàn
enter debating club and all the way from department

赛 打 到 了 校 赛， 并且 靠着
sài dǎ dào le xiào sài, bìngqiě kàozhe
competition fighted till campus competition and with

自己 嬉笑 怒 骂 的 比赛 风格， 赛
zìjǐ xīxiào nù mà de bǐsài fēnggé, sài
her playfu angry scolding of competition style to compete

出了 名气， 赛 出了 水平。 那 时 的
chūle míngqì, sài chūle shuǐpíng. Nà shí de
out reputation to compete out level that time of

辩论 比赛 还 没有 现在 这么 广泛 地
biànlùn bǐsài hái méiyǒu xiànzài zhème guǎngfàn de
debating competition still not now such popular -ly-

被 人 接受， 大家 也 都 是 看 一些 视频
bèi rén jiēshòu, dàjiā yě dū shì kàn yīxiē shìpín
by people accepted everyone aslo all were saw some videos

和 模仿 学姐 学长， 一位 但凡
hé mófǎng xuéjiě xuézhǎng, yīwèi dànfán
and imitate (female) seniors (male) seniors anyone in every case

比赛 都 一定 要 黑色 西装
bǐsài dōu yīdìng yào hēisè xīzhuāng
goes to compete all have to need (to wear) black suit

一丝不苟， 沈小白 觉得 太 压抑， 明明
yīsībùgǒu, shénxiǎobái juédé tài yāyì, míngmíng
conscientiously Shen Xiaobai felt too depressed obviously

一个个 都 想 撕着 对方 领口， 还
yīgègè dōu xiǎng sīzhe duìfāng lǐngkǒu, hái
everyone all wanted to tear the other side collar still

要 装 作 一本正经 "对方 辩
needed to pretended as being serious the other side debating

友"。 沈小白 不 是, 她 把 自己 的 比赛
friend Shen Xiaobai not was she -to- herself 's competition

总结 为 "菜 市场 吵架 风"、 服装
summed up as vegetable market arguement style costume

店 讨 价 还 价 风" 以及 "烧烤
shop to ask for price to give back price style and barbecue
bargin

摊 儿 信口开河 风"。 因为 大家 之前 都
stand — talk at random style becuase everyone before all

中规中矩, 突然 碰上 不 一样的, 都
regular suddenly ran into not same all

有点 招架 不住, 所以 沈小白 也就
a little bit hold one's own unabkle to so Shen Xiaobai then

一直 所向披靡, 直到 遇上 A 君。
all the way unbeatable until met A Mr.

A jūn shì xuéjiě de xuézhǎng. Zhèyàng shuō
A 君 是 学姐 的 学长。 这样 说
A Mr. was (female) senior 's (male) senior like this said

yǒudiǎner rào, huàn yán zhī jiùshì A jūn yě
有点儿 绕, 换 言 之 就是 A 君 也
somewhat confused to change word — that was A Mr. also
　　　　　　　 in other words Mr. A

shì xuéjiě de qiánbèi, céngjīng yě shì xuéxiào
是 学姐 的 前辈, 曾经 也 是 学校
was (female) senior 's predecessor once also was school

biàn tán de dàshén zhīyī, xiànzài yīnwèi línjìn
辩 坛 的 大神 之一, 现在 因为 临近
debating circle of mater one of now because is coming

bìyè zài shíxí, suǒyǐ
毕业 在 实习, 所以
graduation is in intership so

chángjiāng hòu làng tuī qiánlàng, zhè cì
长江 后 浪 推 前浪, 这 次
the Yangtse River rear wave push front wave this time
the new is constantly replacing the old

yīnwèi shíxí jiéshù fǎn xiào xiě lùnwén
因为 实习 结束 返 校 写 论文
because of intership ended came back to school to write essay

de yuángù, cái yǒu jīhuì zhǐdǎo biànlùn duì
的 缘故, 才 有 机会 指导 辩论 队
of reason then had opportunity guide debating group

后辈，这 一 指导 就 指导 进了 沈小白 的 心坎，学长 A君 声音 低沉 有力，说起话来 不 疾 不 徐，不管 你的 话语 多么 刁钻，学长 脸 上 永远 挂着 笑容，又 似 包容 又 像 嘲弄，激起 千 层 波浪，荡漾了 姑娘 心房。在 得 知 学长 已经 心 有 所属 也 没有 阻挡 住

hòubèi, zhè yī zhǐdǎo jiù zhǐdǎo jìnle shénxiǎobái de — juniors this one guidance then led into Shen Xiaobai 's

xīnkǎn, xuézhǎng Ajūn shēngyīn dīchén yǒulì, — heart (male) senior Mr. A voice low and deep strong

shuōqǐhuàlái bù jí bù xú, bùguǎn nǐde huàyǔ — when speaking not rush not slow no matter your words

duōme diāozuān, xuézhǎng liǎn shàng yǒngyuǎn — so crafty (male) senior face on always

guàzhe xiàoróng, yòu shì bāoróng yòu xiàng — (was hanging) with smile both like tolerating and like

cháonòng, jīqǐ qiān céng bōlàng, dàngyàngle gūniáng — mocking causing thousand layers wave rippling girl's

xīnfáng. Zài dé zhī xuézhǎng yǐjīng — heart when getting to know (male) senior already

xīn yǒu suǒshǔ yě méiyǒu zǔdǎng zhù — heart to have belong to still not stopped was able to

his heart belongs to someone else

沈小白 的 "追 夫 路", 愣是
软 磨 硬 泡, 绿茶 婊 也 当了,
心机 女 的 手段 也是 样样 都 来,
最终 抱 得 美男 归。 我 曾经
问过 沈小白 这样 做 有没有 什么 心理
负担, 沈小白 理 直 气 壮, 面
无 愧色 "谁的 新欢 不是 别人 的 旧 爱
呢"。
—

Dào yěshì yǒuguò nǐ nóng wǒ nóng de tiánmì
倒 也是 有过 你 侬 我 侬 的 甜蜜
actually also had you you (dialect) I you of sweet lovey-dovey

shíguāng, wǒ xiǎng piāohàn rú shénxiǎobái hé Ajūn zài
时光， 我 想 剽悍 如 沈小白 和 A君 在
moments I think fierce as Shen Xiaobai and Mr.A were

yīqǐ qián liǎng nián de wēnróu guāngmáng kěndìng
一起 前 两 年 的 温柔 光芒 肯定
together the first two year of gentle shine surely

bùshì jiǎde, zhǐshì rénlèi zhè zhǒng shēngwù
不是 假的， 只是 人类 这 种 生物
was not fake only human being this kind creature

zǒngshì bùnéng shēnjiù, zhōngguórén jiǎng hūnyīn
总是 不能 深究， 中国人 讲 婚姻
always cannot investigate in depth Chinese people say marriage

bùshì liǎnggè rén de shìqíng ér shì liǎng jiārén de
不是 两个 人 的 事情 而 是 两 家人 的
is not two people 's issue but is two families 's

shìqíng. Xuéshēng shídài zhǐyào liǎnggèrén xiāng'ài
事情。 学生 时代 只要 两个人 相爱
issue (in) student age as long as two people love each other

jiù kěyǐ, dāng wǒmen fēnfēn bìyè, kāishǐ
就 可以， 当 我们 纷纷 毕业， 开始
then be fine when we one by one graduated started to

| xiǎng | zǒu | jìn | rénshēng | de | xià | yībù | què | shì | quánrán |
|---|---|---|---|---|---|---|---|---|---|
| 想 | 走 | 进 | 人生 | 的 | 下 | 一步 | 却 | 是 | 全然 |
| think about | walk | into | life | of | next | step | yet | is | totally |

| bùtóng. |
|---|
| 不同。 |
| different |

| Ajūn | jiā | shì | nóngcūn, | chúle | zìjǐ | zhīwài, |
|---|---|---|---|---|---|---|
| A君 | 家 | 是 | 农村， | 除了 | 自己 | 之外， |
| Mr.A | family | is | (from) rural area | except | himself | -excluding- |

| jiālǐ | háiyǒu | yīgè | dìdì | yīgè | mèimei. |
|---|---|---|---|---|---|
| 家里 | 还有 | 一个 | 弟弟 | 一个 | 妹妹。 |
| in the family | still | one | (younger) brother | one | (younger) sister |

| Zìcóng | Ajūn | bìyè | zhīhòu | bùguāng | yào | fùdān | zìjǐ |
|---|---|---|---|---|---|---|---|
| 自从 | A君 | 毕业 | 之后 | 不光 | 要 | 负担 | 自己 |
| since | Mr.A | graduating | after | not only | needs to | bear | himself |

| de | huāxiāo, | hái | yào | bǔzhù | jiālǐ, | suǒyǐ | duì |
|---|---|---|---|---|---|---|---|
| 的 | 花销， | 还 | 要 | 补助 | 家里， | 所以 | 对 |
| 's | expense | even | needs to | subsidy | family | so | to |

| shénxiǎobái | jiù | nánmiǎn | jiéjiǎnle | yīxiē. | Shénxiǎobái |
|---|---|---|---|---|---|
| 沈小白 | 就 | 难免 | 节俭了 | 一些。 | 沈小白 |
| Shen Xiaobai | then | hard to avoid | frugality | a little bit | Shen Xiaobai |

| shì | jiālǐ | de | dú | nǚ, | suīrán | bùshì | shénme |
|---|---|---|---|---|---|---|---|
| 是 | 家里 | 的 | 独 | 女， | 虽然 | 不是 | 什么 |
| is | family | 's | only | daughter | though | is not | what |

大 富 大 贵 的 家庭，但 也 算
dà fù dà guì de jiātíng, dàn yě suàn
big rich big noble of family but as well be counted as
very rich

小康，再 加 上 就 一个 孩子，就
xiǎokāng, zài jiā shàng jiù yīgè háizi, jiù
fairly well-off even more add up just one child then
and on top of that

更 是 娇惯。所以 A君 一直 觉得
gèng shì jiāoguàn. Suǒyǐ Ajūn yīzhí juédé
more is spoiled therefore A Mr. all the time thought (that)

沈小白 花 钱 大手 大脚，磕磕绊绊
Shénxiǎobái huā qián dàshǒu dàjiǎo, kēkēbànbàn
Shen Xiaobai spends money big hands big feet up and down
extravagantly

吵过 很多 次。沈小白 觉得 委屈，自己
chǎoguò hěnduō cì. Shénxiǎobái juédé wěiqū, zìjǐ
argued many times Shen Xiaobai felt being wrong she

也 没有 花 男 朋友 的 钱，反而 因为
yě méiyǒu huā nán péngyǒu de qián, fǎn'ér yīnwéi
— didn't spend boy friend 's money instead because

知道 A君 家里 的 状况，时常
zhīdào Ajūn jiālǐ de zhuàngkuàng, shícháng
knew Mr.A family 's situation often

想 方 设 法 减轻 他的 负担。
xiǎng fāng shè fǎ jiǎnqīng tāde fùdān.
to think up method to work out way to reduce his burden
think up every possible ways and means

Suīrán zhège máodùn yīzhí zài, dànshì yīnwèi
虽然 这个 矛盾 一直 在， 但是 因为
Even though this conflict all the time exist but since

hè'ěrméng shàngtóu, shénxiǎobái juédé
荷尔蒙 上头， 沈小白 觉得
hormone had impact on one's emotions Shen Xiaobai thought

bùguǎn zěnyàng, Ajūn hé tā zǒngshì bǐcǐ
不管 怎样， A君 和 她 总是 彼此
no matter what Mr.A and her always each other

xiāng'ài, suǒyǐ hěnduō shíhòu dōu zài fǎnsī zìjǐ.
相爱， 所以 很多 时候 都 在 反思 自己。
love each other so many time all is rethinking herself

Zuìzhōngde bàofā shì zài tán hūn lùn jià
最终的 爆发 是 在 谈 婚 论 嫁
final explosion was on talk about marriage discuss marry
talking about marriage

de qiánxī, nà shí Ajūn yǐ biyè sì nián,
的 前夕， 那 时 A君 已 毕业 四 年，
of eve that time Mr.A already had graduated four years

shénxiǎobái cái chū chū máolú.
沈小白 才 初 出 茅庐。
Shen Xiaobai just the first time out of thatched cottage
was a green hand

Shénxiǎobái bà mā xīnténg nǚ'ér suǒyǐ hěn zǎo
沈小白 爸 妈 心疼 女儿 所以 很 早
Shen Xiaobai dad mum love daughter therefore very long ago

就 在 市区 给 沈小白 买好了 一 套
jiù zài shìqū gěi shénxiǎobái mǎihǎole yī tào
then in central to shen Xiaobai bought a -for houses-

房子， 催促 沈小白 早早 结婚。
fángzi, cuīcù Shénxiǎobái zǎozǎo jiéhūn.
flat urging Shen Xiaobai as early as possible to get married

中国的 房价 从来 都 是 横亘 在
Zhōngguóde fángjià cónglái dōu shì hénggèn zài
Chinese house prices have always -all- been spanning in

年轻 人 心头 的 一座 大山， 更
niánqīng rén xīntóu de yīzuò dàshān, gèng
young people mind of a huge mountain even more

何况 A君 的 家庭 状况， 所以 沈小白 并
hékuàng Ajūn de jiātíng zhuàngkuàng, suǒyǐ shénxiǎobái bìng
let alone Mr.A 's family situation so Shen Xiaobai at all

没有 对 A君 诸多 要求， 她 想 反正
méiyǒu duì Ajūn zhūduō yāoqiú, tā xiǎng fǎnzhèng
didn't to Mr.A a great deal asked she thought anyway

以后 也是 一起 住， 只要 有 就
yǐhòu yěshì yīqǐ zhù, zhǐyào yǒu jiù
in the future too together live as long as to have then

可以了， 谁 买 的 并 不 重要， 至于
kěyǐle, shéi mǎi de bìng bù chóngyào, zhìyú
be fine whoever buy — (not) at all not important as for

| cǎilǐ | | | | shénmede | gèng | zhǐshì |
|---|---|---|---|---|---|---|
| 彩礼 | | | | 什么的 | 更 | 只是 |
| dowry | | | | whatever | more | just |

money husband gives to wife's family

| zǒu | gè | chǎngmiàn, | yìng | gè | chuántǒng | bàle. |
|---|---|---|---|---|---|---|
| 走 | 个 | 场面, | 应 | 个 | 传统 | 罢了。 |
| walk | a | scene | answer | a | tradition | nothing else |

as a formality

| Shénxiǎobái | de | fùmǔ | shāo | yǒu | wēicí, | dànshì |
|---|---|---|---|---|---|---|
| 沈小白 | 的 | 父母 | 稍 | 有 | 微词, | 但是 |
| Shen Xiaobai | 's | parents | slightly | had | complaints | but |

| kàn | zài | zìjǐ | jiā | nǚ'ér | de | miànzi | shàng |
|---|---|---|---|---|---|---|---|
| 看 | 在 | 自己 | 家 | 女儿 | 的 | 面子 | 上 |
| see | in | themselves | family | daughter | 's | face | -on- |

be for the sake of / feelings

| yě | jiù | bù | shuō | shénme, | rènwéi | zhǐyào | wèiláide |
|---|---|---|---|---|---|---|---|
| 也 | 就 | 不 | 说 | 什么, | 认为 | 只要 | 未来的 |
| and | then | not | say | anything | thinking | as long as | future |

| nǚxù | duì | zìjǐ | jiā | nǚ'ér | hǎo | jiù | kěyǐle. |
|---|---|---|---|---|---|---|---|
| 女婿 | 对 | 自己 | 家 | 女儿 | 好 | 就 | 可以了。 |
| son-in-law | treat | their | -family- | daughter | well | then | was fine |

| Wànshì | bàntuǒ, | Ajūn | de | bà | mā | yě | dào |
|---|---|---|---|---|---|---|---|
| 万事 | 办妥, | A君 | 的 | 爸 | 妈 | 也 | 到 |
| all things | were settled | Mr.A's | 's | dad | mum | also | came to |

| chéng | lǐ | lái | gēn | qìngjiā | xiāng | jiàn, | méi |
|---|---|---|---|---|---|---|---|
| 城 | 里 | 来 | 跟 | 亲家 | 相 | 见, | 没 |
| the town | -inside- | to | with | in-laws | each other | meet | didn't |

xiǎngdào chàzǐ chū zàile zhèlǐ.
想到 岔子 出 在了 这里。
expect trouble came out in here

Ajūn de dìdì jiéhūn zǎo, háizi jiù dāi
A君 的 弟弟 结婚 早， 孩子 就 待
Mr.A 's younger brother got married early children then stayed

zài nǎinai yéyé shēnbiān, yīnwéi èr érzi hé
在 奶奶 爷爷 身边， 因为 二 儿子 和
with grandma grandpa side since second son and

xífù wàichū dǎgōng, lǎo liǎngkǒu biàn zhíjiē
媳妇 外出 打工， 老 两口 便 直接
daughter-in-law went away to work old couple then directly

dàizhe sūnzi lái dàole shénxiǎobái jiā. Běnlái
带着 孙子 来 到了 沈小白 家。 本来
took with grandson to come to Shen Xiaobai home originally

shénxiǎobái xiǎng zài wàimiàn dìng yījiā jiǔdiàn
沈小白 想 在 外面 定 一家 酒店
Shen Xiaobai wanted to -in- outside reserved a hotel

gěi wèiláide pópo gōnggong zhù, dànshì Ajūn
给 未来的 婆婆 公公 住， 但是 A君
to future mother-in-law father-in-law to live but Mr.A

fùmǔ yǐ làngfèi qián wéi yóu jùjuéle, zhíjiē zhù
父母 以 浪费 钱 为 由 拒绝了， 直接 住
parents took wasting money as reason rejected directly live

jìnle wèilái ér xífù de jiā, shénxiǎobái bú shì
进了 未来 儿 媳妇 的 家， 沈小白 不 是
into future son wife -'s- house Shen Xiaobai not was
daughter-in-law

hěn xíguàn hé zhǎngbèi jūzhù, zàijiāshàng yǒu
很 习惯 和 长辈 居住， 再加上 有
very used to with the elders living together with there was

xiǎohái, suǒyǐ xiǎng hé Ajūn shāngliáng néng bùnéng
小孩， 所以 想 和 A君 商量 能 不能
child so thinking of with Mr.A discuss could could not

yóu tā qù shuō, ràng wèilái pópo gōnggōong
由 他 去 说， 让 未来 婆婆 公公
let him to say to let future mother-in-law father-in-law

ràngbù, kěshì gāng kāikǒu Ajūn biàn yòng zìjǐ
让步， 可是 刚 开口 A君 便 用 自己
give in but just started to talk Mr.A then used his
took

fùmǔ bù róngyì, jiù xiǎng kàn yī kàn érzǐ
父母 不 容易， 就 想 看 一 看 儿子
parents not easy just wanted to see -one- -see- son
have a look

xiànzàide hǎo rìzi wèi yóu quàn guòqù,
现在的 好 日子 为 由 劝 过去，
nowaday good day as reason persuaded over

shénxiǎobái xīn yī ruǎn rěnle. Kànzhe zhè yī
沈小白 心 一 软 忍了。 看着 这 一
Shen Xiaobai heart -one- soft put up with it seeing this one

| dàjiāzi | rén | háo | bù | kèqi | zhù | jìn | zìjǐ |
|---|---|---|---|---|---|---|---|
| 大家子 | 人 | 毫 | 不 | 客气 | 住 | 进 | 自己 |
| big family | pepole | at all | not | being courteous | live | into | herself's |

| jiā, | shénxiǎobái | juédé | tóu | dà, | rúguǒ | zhǐshì | zhè | jǐ |
|---|---|---|---|---|---|---|---|---|
| 家， | 沈小白 | 觉得 | 头 | 大， | 如果 | 只是 | 这 | 几 |
| house | shen Xiaobai | felt | head | big | if | just | these | several |
| | | felt overwhelmed | | | | | | |

| tiān | yě | bàle, | shénxiǎobái | xiǎng, | fǎnzhèng | zìjǐ |
|---|---|---|---|---|---|---|
| 天 | 也 | 罢了， | 沈小白 | 想， | 反正 | 自己 |
| days | then | nothing else | Shen Xiaobai | thought | anyway | she |

| yě | bù | huì | hé | pópo | zhù, | yějiù | zhè | jǐ |
|---|---|---|---|---|---|---|---|---|
| 也 | 不 | 会 | 和 | 婆婆 | 住， | 也就 | 这 | 几 |
| aslo | not | would | with | mother-in-law | live | just | these | several |

| tiān | le, | suǒyǐ | yě | rèrèqíngqíng, | zìjué | shì |
|---|---|---|---|---|---|---|
| 天 | 了， | 所以 | 也 | 热热情情， | 自觉 | 是 |
| days | — | so | then | warmly | feeling herself | was |

| yǒu | shēng | yǐlái | dài | kè | zuì | zhōudào | de |
|---|---|---|---|---|---|---|---|
| 有 | 生 | 以来 | 待 | 客 | 最 | 周到 | 的 |
| have | birth | since | treating | guests | the most | attentive | of |
| eve since her birth | | | | | | | |

| yīcì, | dànshì | wèiláide | pópo | què |
|---|---|---|---|---|
| 一次， | 但是 | 未来的 | 婆婆 | 却 |
| -once- | but | future | mother-in-law | yet |

| fǎn | kè | wéi | zhǔ, | fān | shénxiǎobái | de | shǒushì |
|---|---|---|---|---|---|---|---|
| 反 | 客 | 为 | 主， | 翻 | 沈小白 | 的 | 首饰 |
| to reverse | guest | as | host | searched | Shen Xiaobai | 's | jewelry |
| the guset act as host | | | | | | | |

| 和 (hé) | 衣柜，(yīguì,) | 数落 (shǔluò) | 沈小白 (shénxiǎobái) | 乱 (luàn) | 花 (huā) |
|---|---|---|---|---|---|
| and | closet | reproving for | Shen Xiaobai | recklessly | spending |

| 钱，(qián,) | 但是 (dànshì) | 只要 (zhǐyào) | 看到 (kàndào) | 好 (hǎo) | 东西，(dōngxī,) | 就 (jiù) | 以 (yǐ) | 让 (ràng) |
|---|---|---|---|---|---|---|---|---|
| money | but | once | saw | good | things | then | took | let |

| 乡下的 (xiāngxiàde) | 儿子 (érzǐ) | 女儿 (nǚ'ér) | 见 (jiàn) | 见 (jiàn) | 世面 (shìmiàn) | 为 (wèi) | 借口 (jièkǒu) |
|---|---|---|---|---|---|---|---|
| countryside | son | daughter | see | see | world | as | excuse |
| | | | | | have a look | | |

| 想 (xiǎng) | 要 (yào) | 拿 (ná) | 走，(zǒu,) | 沈小白 (shénxiǎobái) | 告诉 (gàosù) | A君，(Ajūn,) | 见面礼 (jiànmiànlǐ) |
|---|---|---|---|---|---|---|---|
| wanting | to | take | away | Shen Xiaobai | told | Mr.A | greeting gift |

| 是 (shì) | 见面礼，(jiànmiànlǐ,) | 更何况，(gènghékuàng,) | 只 (zhǐ) | 听过 (tīngguò) | 新 (xīn) |
|---|---|---|---|---|---|
| is | greeting gift | what's more | only | have heard of | new |

| 媳妇 (xífù) | 收 (shōu) | 婆婆 (pópo) | 见面礼 (jiànmiànlǐ) | 没 (méi) |
|---|---|---|---|---|
| young married woman | receive | mother-in-low | greeting gift | not |

| 见过 (jiànguò) | 婆婆 (pópo) | 收 (shōu) | 新 (xīn) | 媳妇 (xífù) |
|---|---|---|---|---|
| have seen | mother-in-law | recelve | new | young married woman |

| 见面礼 (jiànmiànlǐ) | 的 (de) | 吧？(ba?) | A君 (Ajūn) | 刚 (gāng) | 做完 (zuòwán) | 一天的 (yītiānde) | 手术 (shǒushù) |
|---|---|---|---|---|---|---|---|
| welcome gift | — | — | Mr.A | just | finished | a day's | operation |

huí jiā, tīng shénxiǎobái shuōqǐ biàn shuō, jiālǐ
回 家, 听 沈小白 说起 便 说, 家里
back home heared Shen Xiaobai brought up then said family

huāle hěndàde dàijià cái jiāng tā gōng chūlái, zìjǐ
花了 很大的 代价 才 将 他 供 出来, 自己
paid great price then -to- him afford -out- he

yīzhí duì qítāde xiōngdì jiěmèi yǒu kuì, zìjǐ
一直 对 其他的 兄弟 姐妹 有 愧, 自己
all the time to the other brothers sisters have regrets himself

de mǔqīn yěshì shòule hěnduō kǔ…… Shénxiǎobái
的 母亲 也是 受了 很多 苦…… 沈小白
's mum also suffered many hardship Shen Xiaobai

tīngzhe tīngzhe juédé zhègè yìsi bùduì, dànshì Ajūn
听着 听着 觉得 这个 意思 不对, 但是 A君
listened to listened to felt this opinion not right but Mr.A
while listening

tàidù chéngkěn yǎnzhōng fàn lèi, shénxiǎobái juédé
态度 诚恳 眼中 泛 泪, 沈小白 觉得
attitude sincere in the eyes glistened tears Shen Xiaobai felt

zìjǐ xiàng shì yīgè quántóu dǎ dào miánhuā shàng. Dé
自己 像 是 一个 拳头 打 到 棉花 上。 得
herself like was a fist hit on cotton -on- fine

dé dé, kànzài tā gānggāng xià shǒushù
得 得, 看在 他 刚刚 下 手术
fine fine because of he just came down from operating

tái de fèner shàng, shénxiǎobái jiù ráole tā,
台 的 份儿 上, 沈小白 就 饶了 他,
table -of- portion on Shen Xiaobai then let off him
degree

shùnbiàn lǚ yī lǚ zhège luójí
顺便 将 一 将 这个 逻辑
incidentally to smooth with fingers one to stroke this logic
to sort out

dàodǐ cuò zài nǎ'er.
到底 错 在 哪儿。
exactly went wrong in where

Shénxiǎobái zuò zài yángtái pàole bēi chá, tīngjiàn
沈小白 坐 在 阳台 泡了 杯 茶, 听见
Shen Xiaobai sat in balcony soaking a cup of tea heard
making

wèiláide pópo zài wòshì yòng tāmen jiāxiānghuà
未来的 婆婆 在 卧室 用 他们 家乡话
future mother-in-law in bedroom with their native dialect

màzhe shéi, suànle suànle, bùshì tāmen jiā
骂着 谁, 算了 算了, 不是 他们 家
cursing someone forget it forget it either their family

lǎode jiùshì tāmen jiā xiǎode, zǒng bù
老的 就是 他们 家 小的, 总 不
the elders or their family the younger at least not

zhìyú mà tā ba? Màmaliēliē dǎkāi wòshì
至于 骂 她 吧? 骂骂咧咧 打开 卧室
went so far as to curse her — scolding opened bedroom

mén jiùyào chūlái, kàndào zuòzài wàimiànde shénxiǎobái
门　就要　出来，　看到　坐在　外面的　沈小白
door almost came out seeing sitting outside Shen Xiaobai

hòu, huànle yī fù dǎqiūfēng de zuǐliǎn zuò zài
后，　换了　一　副　打秋风　的　嘴脸　坐　在
after changed a -look- make a touch of feature sitting in

shénxiǎobái duìmiànde yǐzi shàng, yòng bù biāozhǔndì
沈小白　对面的　椅子　上，　用　不　标准的
Shen Xiaobai opposite chair -on- with not standard

pǔtōnghuà shuōdao "ér xífù ya, wǒ yīgè xiāngxià
普通话　说道　"儿　媳妇　呀，　我　一个　乡下
Manderin saying son wife — I am a countryside

lǎopózi nǐ bié jiànguài". Shénxiǎobái kèqì shuōle
老婆子　你　别　见怪"。　沈小白　客气　说了
old woman you don't take offense Shen Xiaobai politely said

jù nǎlǐ de huà. Lǎopózi sìhū bìng
句　哪里　的　话。　老婆子　似乎　并
-sentence- where that word old woman seemed at all
it was nothing

bùzàihū shénxiǎobái de tàidù, érshì jìngzhí shuōle
不在乎　沈小白　的　态度，　而是　径直　说了
didn't care Shen Xiaobai 's attitude instead straightaway saying

xiàqù "wǒ er tā diē shì gè méi běnshìde,
下去　"我　儿　他　爹　是　个　没　本事的，
kept on My son his dad is a without useless

jiālǐ　zì　xiǎo　jiù　bù　fùyù,　yào
家里　自　小　就　不　富裕，　要
in the family　since　small　already　not　rich　needed to

lā　chě　tāmen　jiěmèi　sāngèrén　zhuóshí
拉　扯　他们　姐妹　三个人　着实
to drag　to pull　their　sisters　three people　really
take great pains to bring up

xīnkǔ,　jīngcháng　shì　wèi　bǎole　xiǎode　wèi　bù
辛苦，　经常　是　喂　饱了　小的　喂　不
hard　ofter　-was-　fed　be full　the youngers　fed　not

bǎo　dàde,"　shuōzhe　biàn　kāishǐ　mǒ　lèi,
饱　大的，"　说着　便　开始　抹　泪，
be full　the olders　while saying　then　began to　wipe away　tears

Shénxiǎobái　nále　zhǐjīn　sāigěi　tā,　xīn　xiǎng　zhè
沈小白　拿了　纸巾　塞给　她，　心　想　这
Shen Xiaobai　took　tissue　to give to　her　in heart　thinking　these

chē　gūlu　huà　tā　yǐjīng　cóng　wèilái　pópo
车　轱辘　话　她　已经　从　未来　婆婆
car　wheel　talk　she　had already　from　future　mother-in-law
repetitious(dialect)

zuǐ　lǐ,　gōnggong　zuǐ　lǐ　háiyǒu　zìjǐ　zhǔn
嘴　里，　公公　嘴　里　还有　自己　准
mouth　-in-　father-in-law　mouth　-in-　and　her　to-be

lǎogōng　zuǐ　lǐ　tīngliǎo　bùxià　shí　cì,
老公　嘴　里　听了　不下　十　次，
husbund　mouth　-in-　heard　not less than　ten　times

| suīrán | qí | qíng | kě | mǐn, | dàn | shuō |
|---|---|---|---|---|---|---|
| 虽然 | 其 | 情 | 可 | 悯， | 但 | 说 |
| even though | one's | feelings | deserve | sympathy | but | said |

| duō | liǎo | bùmiǎn | ràng | rén | juédé | nánkān. |
|---|---|---|---|---|---|---|
| 多 | 了 | 不免 | 让 | 人 | 觉得 | 难堪。 |
| too much | – | unavoidablely | let | people | think | intorelable |

| "Cónglái | ǎnmen | jiā | shì | cūnlǐ | diàndǐde, | kěshì |
|---|---|---|---|---|---|---|
| "从来 | 俺们 | 家 | 是 | 村里 | 垫底的， | 可是 |
| always | our (dialect) | family | is | in the village | at the bottom | but |

| ǎn | ér | zhēngqì, | cóngxiǎo | xuéxí | jiù | hǎo, |
|---|---|---|---|---|---|---|
| 俺 | 儿 | 争气， | 从小 | 学习 | 就 | 好， |
| my (dialect) | son | fights to excel | since childhood | studies | already | well |

| shì | ǎnmen | cūn | wéiyī | yīgè | kǎoshàng | xiànlǐ |
|---|---|---|---|---|---|---|
| 是 | 俺们 | 村 | 唯一 | 一个 | 考上 | 县里 |
| is | our (dialect) | village | the only | one | was admitted to | in town |

| zhòngdiǎn | zhōngxué | de, | hòulái | yòu | shàngle | zhòngdiǎn |
|---|---|---|---|---|---|---|
| 重点 | 中学 | 的， | 后来 | 又 | 上了 | 重点 |
| key | middle school | – | later | again | went to | key |

| yīkē | dàxué, | ǎnmen | cūn | dōu | shuō | ǎn | ér | shì |
|---|---|---|---|---|---|---|---|---|
| 医科 | 大学， | 俺们 | 村 | 都 | 说 | 俺 | 儿 | 是 |
| medical | university | our (dialect) | village | all | say | my (dialect) | son | is |

| shānwō | li | fēi | chū | de | jīn | fènghuáng." |
|---|---|---|---|---|---|---|
| 山窝 | 里 | 飞 | 出 | 的 | 金 | 凤凰。" |
| out-of-the-way mountain area | in | fly | out | of | golden | phoneix |

老 太太 说 到 这儿，
Lǎo tàitài shuō dào zhè'er,
old lady said till here

昂 首 挺 胸 满 脸 骄傲， 自己
áng shǒu tǐng xiōng mǎn liǎn jiāo'ào, zìjǐ
held up head straightened up chest whole face pride herself
with chin up and chest out

彷佛 也 披上了 一 层 金色 羽毛， 成了
fǎngfú yě pīshàngle yī céng jīnsè yǔmáo, chéngle
seemed also donned a layer golden feather became

"凤凰" 他 娘。 "可是"， 突然
"fènghuáng" tā niáng. "Kěshì", túrán
phoenix his mother However suddendly

话锋 一 转， 又 一 脸 泫然
huàfēng yī zhuǎn, yòu yī liǎn xuànrán
topic of conversation once switch again one look falling
all over the face

泪 下 "俺 儿 现在 却 要 做 别人
lèi xià "ǎn ér xiànzài què yào zuò biérén
tears down my son now yet needs to be someone's
(dialect)

家 的 上 门 女婿……"
jiā de shàng mén nǚxù……"
family 's come to door son-in-law
marry into and live with the bride's family

什么 上门 女婿， 沈小白 一 脸
Shénme shàngmén nǚxù, Shénxiǎobái yī liǎn
what live-in son-in-law Shenxiaobai one face
all over the face

| | | | | | | |
|---|---|---|---|---|---|---|
| mángrán | "āyí, | nín | shuō | zhè | huà | shénme |
| 茫然 | "阿姨, | 您 | 说 | 这 | 话 | 什么 |
| confused | auntie | you (respect) | said | these | word | what |

| | | | | | | |
|---|---|---|---|---|---|---|
| yìsi, | shénme | jiào | shàngmén | nǚxù"? | Lǎotàipó | kàndào |
| 意思, | 什么 | 叫 | 上门 | 女婿"? | 老太婆 | 看到 |
| mean | what | means | live-in | son-in-law | old woman | saw |

| | | | | | |
|---|---|---|---|---|---|
| shénxiǎobái | de | biǎoqíng, | yīzhèn | huānxǐ, | lāzhù |
| 沈小白 | 的 | 表情, | 一阵 | 欢喜, | 拉住 |
| Shen Xiaobai | 's | expressions | a thrill of | joy | holding |

| | | | | | | | | |
|---|---|---|---|---|---|---|---|---|
| shénxiǎobái | de | shǒu | "háizi, | ǎn | jiù | zhīdào | nǐ | bù |
| 沈小白 | 的 | 手 | "孩子, | 俺 | 就 | 知道 | 你 | 不 |
| Shen Xiaobai | 's | hand | child | I (dialect) | — | know | you | do not |

| | | | | | | |
|---|---|---|---|---|---|---|
| xiánqì | ǎnmen | jiā, | nǐ | shì bùshì | | yě |
| 嫌弃 | 俺们 | 家, | 你 | 是 不是 | | 也 |
| give cold shoulder to | our (dialect) | family | you | is is not | whether or not | also |

| | | | | | | | | |
|---|---|---|---|---|---|---|---|---|
| yuànyì | bǎ | zhège | fángzi | fēn | gěi | ǎn | ér | yībàn, |
| 愿意 | 把 | 这个 | 房子 | 分 | 给 | 俺 | 儿 | 一半, |
| willing to | -to- | this | house | divide | to | my (dialect) | son | a half |

| | | | | | | | |
|---|---|---|---|---|---|---|---|
| āyí | bù | tānxīn, | dànshì | zǒng | bùnéng | ràng | ǎn |
| 阿姨 | 不 | 贪心, | 但是 | 总 | 不能 | 让 | 俺 |
| auntie I | not | greedy | but | in every case | cannot | let | my (dialect) |

| | | | | | | | | |
|---|---|---|---|---|---|---|---|---|
| ér | zhù | dào | biérén | jiā | qù......" | Tīngdào | zhè'er | shénxiǎobái |
| 儿 | 住 | 到 | 别人 | 家 | 去......" | 听到 | 这儿 | 沈小白 |
| son | live | in | other's | home | — | heard | here | Shen Xiaobai |

zhōngyú　míngbáile,　　yuánlái　　shì　zài　zhè'er　děngzhe
终于　明白了,　　原来　　是　在　这儿　等着
finally　understood　it turned out that　was　in　here　waiting for

tā　ne,　lǎo　tàitài　diànjì　de　shì　tā　bà　mā　gěi
她　呢,　老　太太　惦记　的　是　她　爸　妈　给
her　—　old　woman　thought of　what　was　her　dad　mum　to

tā　　mǎi　　de　　zhètào　　fáng,　　xiǎngyào
她　买　的　这套　房,　想要
her　bought　that　this　flat　wanted to

kōng　shǒu　tào　bái　láng.　Shénxiǎobái　　zài
空　手　套　白　狼。　沈小白　在
empty　hand　to harness　white　wolf　Shen Xiaobai　when
to get something without spending a cent

míngbái　zhè　yīdiǎn　hòu　túrán　xiàole,　tā　zhōngyú
明白　这　一点　后　突然　笑了,　她　终于
understood　this　one point　after　suddenly　laughed　she　finally

míngbái　zìjǐ　zuìjìn　wěiqū　dàn　yòu　shuōbùchū
明白　自己　最近　委屈　但　又　说不出
figured out　herself　recently　felt wronged　but　—　couldn't say

de　diǎner　zài　nǎ'er　le,　shénxiǎobái　jiàoxǐng　tǎng　zài
的　点儿　在　哪儿　了,　沈小白　叫醒　躺　在
of　point　-to be-was　where　—　Shen Xiaobai　woke up　laying　on

chuángshàng　de　Ajūn,　bù　sǐ　xīn　de　xiǎng
床上　的　A君,　不　死　心　地　想
bed　who　Mr.A　not　to die　heart　ly　wanted to
unwilling to give up

当面 问一问, 尽管 她 心里 也 知道,
dāngmiàn wènyīwèn, jǐnguǎn tā xīnlǐ yě zhīdào,
face to face ask even though her heart laso knew

如果 不是 A君 提, 一个 从没 念过 书
rúguǒ bùshì Ajūn tí, yīgè cóngméi niànguò shū
if wasn't Mr.A mentioned a had never read book
be educated

的 乡下 老 太太 绝对 不 知道
de xiāngxià lǎo tàitài juéduì bù zhīdào
who countryside old woman definitely not know

房产 证 之类的 东西。
fángchǎn zhèng zhīlèide dōngxī.
house property certificate such thing

A君 面对 沈小白 的 质问, 显得
Ajūn miànduì shénxiǎobái de zhìwèn, xiǎndé
Mr.A confronting with Shen Xiaobai 's questioning looked

有点 羞 恼 "小白, 你 别 这么
yǒudiǎn xiū nǎo "xiǎobái, nǐ bié zhème
somewhat ashamed angry Xiaobai you don't so

咄咄逼人, 我 妈 只是 为了 让 我 不 受
duōduōbīrén, wǒ mā zhǐshì wèile ràng wǒ bù shòu
be aggressive my mum just for the sake of let me not suffer

委屈, 她 老人家 身体 不 好, 你 别
wěiqū, tā lǎorénjiā shēntǐ bù hǎo, nǐ bié
grievance she old women (polite) body not good you don't
health

气 她。" 沈小白 似 一 记 闷
qì tā." Shénxiǎobái shì yī jì mēn
make angry / her / Shen Xiaobai / as if / one / -for times- / muffled

锤 打 在 胸口 "我 咄咄逼人? 我 气 她?
chuí dǎ zài xiōngkǒu "wǒ duōduōbīrén? Wǒ qì tā?
hammer / hit / in / chest / I / being agressive / I / annoy / her

我 从头 至 尾 一句 重 话 都
Wǒ cóngtóu zhì wěi yījù zhòng huà dōu
I / from the begining / till / the end / a / heavy / word / even
harsh

没有 说 过, 我 记得 我 和 你 说
méiyǒu shuō guò, wǒ jìdé wǒ hé nǐ shuō
not / said / have ever / I / remember / I / with / you / told

过, 这 套 房 也 是 我 爸 妈
guò, zhè tào fáng yě shì wǒ bà mā
have ever / this / -for houses- / flat / also / is / my / dad / mum

辛苦 攒 下来 的, 我们 家
xīnkǔ zǎn xiàlái de, wǒmen jiā
work hard / saved up money / -come down- / — / our / family

就 我 一个 孩子, 我 不 愿意 爸爸 妈妈
jiù wǒ yīgè háizi, wǒ bù yuànyì bàba māma
just / me / one / child / I / am not / willing to / dad / mum

以后 来 看 自己 女儿 连 个 舒服的 地方
yǐhòu lái kàn zìjǐ nǚ'ér lián gè shūfúdì dìfang
in the future / come / see / their / daughter / even / a / cozy / place

都 没有，这个 房子 当作 我们 暂 住，
dōu méiyǒu, zhège fángzi dàngzuò wǒmen zàn zhù,
-even- without this house regard as we temporarily live

咱 俩 还 年轻，攒 钱 买 我们 自己的
zán liǎ hái niánqīng, zǎn qián mǎi wǒmen zìjǐde
we two still young save up money to buy our own

房子。我 爸 妈 从来 没有 嫌弃
fángzi. Wǒ bà mā cónglái méiyǒu xiánqì
house my dad mum have ever not given cold shoulder to

过 你们 家 穷，甚至 一点 负担 都
guò nǐmen jiā qióng, shènzhì yīdiǎn fùdān dōu
have ever your family is poor even a little bit burden -even-

不想 添 给 我们，可是 你 呢……" 沈小白
bùxiǎng tiān gěi wǒmen, kěshì nǐ ne……" Shénxiǎobái
not want to add to us but you — Shen Xiaobai

突然 无比 心疼 自己的 父母，他们
túrán wúbǐ xīnténg zìjǐde fùmǔ, tāmen
suddendly tremendously felt sorry for own parents they

只 求 女儿 找 一个 对 自己 好 的 人，
zhǐ qiú nǚ'ér zhǎo yīgè duì zìjǐ hǎo de rén,
just beg daughter find a treat herself well whot people
hope

这么 多 年，父母 爱 屋 及 乌，对 A君
zhème duō nián, fùmǔ ài wū jí wū, duì Ajūn
so many year parents love house and crows to Mr.A
love me, love my dog

| yěshì | duō | yǒu | bāngchèn, | kěshì | jīntiān | què | shì | zhège |
|---|---|---|---|---|---|---|---|---|
| 也是 | 多 | 有 | 帮衬， | 可是 | 今天 | 却 | 是 | 这个 |
| also | many | -to have- | take care of | but | today now | yet | is | this |

| jiéguǒ. | Tā | lǎo | zǎo | jiù | zhīdào | Ajūn | de | xīnsī, |
|---|---|---|---|---|---|---|---|---|
| 结果。 | 她 | 老 | 早 | 就 | 知道 | A君 | 的 | 心思， |
| result | she | old very | long ago | then | knew | Mr. A | 's | mind |

| zhīdào | tā | duì | zìjǐ | jiā | de | bāngchèn | hé | juànliàn, |
|---|---|---|---|---|---|---|---|---|
| 知道 | 他 | 对 | 自己 | 家 | 的 | 帮衬 | 和 | 眷恋， |
| knowing | he | to | his own | family | of | help | and | attachment |

| tā | yīzhí | juédé | shì | tā | xiàoshùn, | jiùsuàn | shícháng |
|---|---|---|---|---|---|---|---|
| 她 | 一直 | 觉得 | 是 | 他 | 孝顺， | 就算 | 时常 |
| she | always | thought | was | he | filial | even though | often |

| chāi | chénxiǎobáide | qiángjiǎo | tā | yě | bùhuì |
|---|---|---|---|---|---|
| 拆 | 沈小白的 | 墙角 | 她 | 也 | 不会 |
| to pull down undermined Shen Xiaobai | Shen Xioabai's | corner of wall | she | also | didn't |

| jìjiào, | kěshì | jīntiān, | tā | què | cuānduo | zìjǐ | de |
|---|---|---|---|---|---|---|---|
| 计较， | 可是 | 今天， | 他 | 却 | 撺掇 | 自己 | 的 |
| fuss about | however | today now | he | yet | egged on | himself | 's |

| mǔqīn | míngmùzhāngdǎn | lái | ná, | zìjǐ | duǒ | zài | shēn |
|---|---|---|---|---|---|---|---|
| 母亲 | 明目张胆 | 来 | 拿， | 自己 | 躲 | 在 | 身 |
| mother | openly | to | take | himself | hid | -in- | body |

| hòu, | zuò | suō | tóu | wūguī. | Nàgè | céngjīng |
|---|---|---|---|---|---|---|
| 后， | 做 | 缩 | 头 | 乌龟。 | 那个 | 曾经 |
| behind | being | shrink | head | turtle a coward (lit: a turtle hiding in his shell) | that | once |

校园 里 的 稳重 少年， 到 现在 看来
xiàoyuán lǐ de wěnzhòng shàonián, dào xiànzài kànlái
school in who steady young man till now it seemed

变成 一 场 闹剧。 沈小白
biànchéng yī chǎng nàojù. Shénxiǎobái
became a -for sports and recreations- farce Shen Xiaobai

看到 自己 在 门 前 穿衣镜 里 的 模样，
kàndào zìjǐ zài mén qián chuānyījìng lǐ de múyàng,
saw herself in door front dressing mirror -in- that look

狰狞 而 疲惫。 "你们 都 走 吧， 这个 婚
zhēngníng ér píbèi. "Nǐmen dōu zǒu ba, zhège hūn
ferocious and tired you all leave — this marriage

我 不 结 了， 拿了 我的 都 给 我
wǒ bù jié le, nále wǒde dōu gěi wǒ
I don't to tie — have taken my (things) all give me
to marry

还 回来， 不然 我 就 去 派出所， 告
hái huílái, bùrán wǒ jiù qù pàichūsuǒ, gào
return back otherwise I then go to police station sue

你们 偷窃。" 沈小白 扔 下 一句 话， 进了
nǐmen tōuqiè." Shénxiǎobái rēng xià yījù huà, jìnle
you theft Shen Xiaobai threw down a word entered

卧室， 外面 一片 鬼 哭 狼 嚎 的
wòshì, wàimiàn yīpiàn guǐ kū láng háo de
bedroom outside a ghost cry wolf howl of
to wail like ghosts and howl like wolves

jiào mà shēng......
叫 骂 声......
shout curse sound

Shìqíng zìrán méiyǒu nàme hǎo jiějué, tuōtuōlālā,
事情 自然 没有 那么 好 解决, 拖拖拉拉,
things of course didn't so well solve dragging on

màmaliēliē, zuìhòu shénxiǎobái bèizhe xián pín ài fù
骂骂咧咧, 最后 沈小白 背着 嫌 贫 爱 富
scolding at last Shen Xiaobai beared dislike poor love rich

de màmíng. Zuìhòu shénxiǎobái zìwǒ tiáokǎn, shuō
的 骂名。 最后 沈小白 自我 调侃, 说
of ill name finally Shen Xiaobai herself mocked up saying

dāngnián kànshàng Ajūn shí tā shì yī pài
当年 看上 A君 时 他 是 一 派
that year took a liking to Mr.A time he was one style
that time when -for descriptions-

jūnzǐ duānfāng, xiàng gè shūshēng, hòulái jié
君子 端方, 像 个 书生, 后来 劫
gentleman honest looked like a scholar later robbed

fù jì pín xiàng gè xiákè, jiéle
富 济 贫 像 个 侠客, 劫了
the rich to help the poor like a knight-errant robbed

Shénxiǎobái de "fù" jìle tāmen jiā zìjǐde "pín".
沈小白 的 "富" 济了 他们 家 自己的 "贫"。
Shen Xiaobai 's wealth to assist their family own poor

A君 离开 后， 沈小白 父母 怕 女儿
Ajūn líkāi hòu, shénxiǎobái fùmǔ pà nǚ'ér
Mr.A left after Shen Xiaobai's parents worried daughter

伤心， 也就 消停了 几 年。 这 几 年
shāngxīn, yějiù xiāotingle jǐ nián. Zhè jǐ nián
was sad so then stopped several years these several years

里 也 有过 差不多的 人 可是
lǐ yě yǒuguò chàbùduōde rén kěshì
in also had similar people but

来 来 去 去 总是 差 点
lái lái qù qù zǒngshì chà diǎn
to come to come to go to go always lacked of a little bit
come and go

意思。 再加上 单身 生活 其实 也 很
yìsi. Zàijiāshàng dānshēn shēnghuó qíshí yě hěn
meaning what's more bachelor life actually as well very
affection

舒适 可爱， 随 心 所 欲， 沈小白
shūshì kě'ài, suí xīn suǒ yù, shénxiǎobái
confortable lovely to follow heart what want Shenxiaobai
to do what one pleases

父母 本来 指望着 女儿 收拾 好
fùmǔ běnlái zhīwàngzhe nǚ'ér shōushí hǎo
parents were supposed to count on daughter tidied up good

心情 再 寻 佳 婿， 没 想到 自家
xīnqíng zài xún jiā xù, méi xiǎngdào zìjiā
mood again look for good son-in-law didn't expect own

| nǚ'ér | jīntiān | zìjià | yóu | míngtiān | xiǎotíqín |
|---|---|---|---|---|---|
| 女儿 | 今天 | 自驾 | 游 | 明天 | 小提琴 |
| daughter | today | (by)self-driving | travelled | tomorrow | violin |

| kè, | guòdé | bùyìlèhū, | èrlǎo | yī | héjì, |
|---|---|---|---|---|---|
| 课， | 过得 | 不亦乐乎， | 二老 | 一 | 合计， |
| class | living(a life) | delightfully | parents | -one- | thought over |

| bùnéng | rènyóu | tā | zhèyàng | rènxìng | shēnghuó | xiàqù, |
|---|---|---|---|---|---|---|
| 不能 | 任由 | 她 | 这样 | 任性 | 生活 | 下去， |
| couldn't | let | her | like this | self-willed | living | -keep on- |

| bùrán | niánlíng | yuè | dà, | zài | hūnliàn | shìchǎng | shàng |
|---|---|---|---|---|---|---|---|
| 不然 | 年龄 | 越 | 大， | 在 | 婚恋 | 市场 | 上 |
| otherwise | age | more | big old | in | marriage | market | -on- |

| chéngle | "shèngnǚ" | jiù | zhēnde | bèi | rén |
|---|---|---|---|---|---|
| 成了 | "剩女" | 就 | 真的 | 被 | 人 |
| became | leftover woman | then | really | by | people |

| kàn | bù | shàng | le. | Suǒyǐ | yī | lún | yòu | yī | lún | de |
|---|---|---|---|---|---|---|---|---|---|---|
| 看 | 不 | 上 | 了。 | 所以 | 一 | 轮 | 又 | 一 | 轮 | 的 |
| to look not to tanle a fancy | not | up | — | so | one | wheel round | and | a | round | of |

| xiāngqīn | hōngzhà | chóngxīn | kāishǐ. |
|---|---|---|---|
| 相亲 | 轰炸 | 重新 | 开始。 |
| blind dating | bombardment | again | starts |

# "我妈说……"

----

国内的 宫 斗 戏 从来
*Guónèide* (domestic) *gōng* (imperial palace) *dòu* (battle) *xì* (dramas) *cónglái* (have always)

层 出 不穷, 从 当年 的 《金
*céng* (layer) *chū* (out) *bùqióng,* (not end) *cóng* (from) *dāngnián* (that year / that time) *de* (of) "*jīn* (golden)
emerge in an endless stream —— War and Beauty

枝 欲 孽》 到 《甄嬛 传》,
*zhī* (branch) *yù* (desire) *niè*" (sin) *dào* (to) "*zhēnhuán* (Zhen Huan) *zhuàn*", (biography)
War and Beauty —— lit. The Legend of Zhen Huan

宫 斗 宅 斗, 沈小白
*gōng* (imperial palace) *dòu* (struggle) *zhái* (residence family) *dòu,* (battle) *shénxiǎobái* (Shen Xiaobai)

闲 来 无 事 也 是 这些 戏码 的 忠实
*xián* (idle) *lái* (-to-) *wú* (without) *shì* (matter) *yě* (also) *shì* (is) *zhèxiē* (these) *xìmǎ* (dramas) *de* (of) *zhōngshí* (loyal)
have nothing to do

粉丝。 前 几 天 喝酒 的时候 还
*fěnsī.* (fan) *Qián* (ago) *jǐ* (several) *tiān* (days) *hējiǔ* (was drinking) *deshíhòu* (when) *hái* (even)

| 摩 | 拳 | 擦 | 掌 | 说， | 自己 | 空 | 有 |
|---|---|---|---|---|---|---|---|
| mó | quán | cā | zhǎng | shuō, | zìjǐ | kōng | yǒu |
| to rub | fist | to wipe | palm | said | herself | in vain | have |

itch to have a go

| 一身 | 本事， | 可惜 | 无 | 处 | 施展， |
|---|---|---|---|---|---|
| yīshēn | běnshì, | kěxí | wú | chù | shīzhǎn, |
| the whole body | ability | unfortunately | no | place where | to show |

| 结果 | 生活 | 立马 | 给了 | 她 | 一个 |
|---|---|---|---|---|---|
| jiéguǒ | shēnghuó | lìmǎ | gěile | tā | yīgè |
| as a result | life | immediately | gave | her | a |

| 施展 | 的 | 舞台， | 只要 | 她 | 愿意， | 她 |
|---|---|---|---|---|---|---|
| shīzhǎn | de | wǔtái, | zhǐyào | tā | yuànyì, | tā |
| putting to good use | of | stage | as long as | she | was willing to | she |

| 就 | 能够 | 像 | 电视剧 | 里 | 争宠 |
|---|---|---|---|---|---|
| jiù | nénggòu | xiàng | diànshìjù | lǐ | zhēngchǒng |
| then | was able to | be like | tv series | in | strive for someone's favour |

| 的 | 妖 | 妃， | 去 | 分 | 一 | 分 |
|---|---|---|---|---|---|---|
| de | yāo | fēi, | qù | fēn | yī | fēn |
| who | evil and fraudulent | concubines | to | share | -one- | -share-share |

| 人家 | 母子 | 的 | 情 | 分。 |
|---|---|---|---|---|
| rénjiā | mǔzǐ | de | qíng | fèn. |
| others | mother and child | of | feelings | affection relationship |

| 这 | 次 | 的 | 男 | 主 | 是 | B君， | 是 | 沈小白 |
|---|---|---|---|---|---|---|---|---|
| Zhè | cì | de | nán | zhǔ | shì | Bjūn, | shì | shénxiǎobái |
| this | time | of | boy | took charge of main male actor | was | Mr. B | was | Shen Xiaobai |

妈妈 广场 舞 姐妹 的 亲戚 家 的
māmā guǎngchǎng wǔ jiěmèi de qīnqī jiā de
mum / square / dance / sister / 's / relative / family / 's
public square dancing / female friend

儿子, 正好 和 沈小白 在 一个 城市,
érzi, zhènghǎo hé chénxiǎobái zài yīgè chéngshì,
son / exactly / with / Shen Xiaobai / in / one / city
same

沈小白 她 妈 欢天喜地, 再加上 B君
chénxiǎobái tā mā huāntiānxǐdì, zàijiāshàng Bjūn
Shen Xiaobai / her / mum / with great joy / what's more / Mr. B

家世 清白, 家里 条件 也 非常 好。
jiāshì qīngbái, jiālǐ tiáojiàn yě fēicháng hǎo.
family background / clean / family / conditions / also / very / good
have a gentle birth

父母 都 有 工作, 几 套 房子 也是
Fùmǔ dōu yǒu gōngzuò, jǐ tào fángzi yěshì
parents / all / have / work / several / -for houses- / houses / also

标 配, 上 一个
biāo pèi, shàng yīgè
standard / configuration / last / one

一 穷 二 白 的 不
yī qióng èr bái de bù
one / poverty / two / educational and scientific blanknesses / — / not
impoverished

靠谱, 这 次 沈 妈妈 自 认为 绝对 是
kàopǔ, zhè cì shěn māmā zì rènwéi juéduì shì
reliable / this / time / Shen / Mama / herself / thought / definitely / was

liáng pèi, suǒyǐ huǒjíhuǒliǎo de ānpáile shénxiǎobái
良 配, 所以 火急火燎 地 安排了 沈小白
good match so extremely worried -ly- arranged Shen Xiaobai

qù xiāngqīn. Shénxiǎobái niù
去 相亲。 沈小白 拗
to (have a) blind date Shen Xiaobai talk (her mum) around

buguò, suǒyǐ jiù yǒule zhè piān "gōng dòu jù"
不过, 所以 就 有了 这 篇 "宫 斗 剧"
no able to so then to have this chapter palace battle drama
appears

de kāichǎng.
的 开场。
of opening

Shénxiǎobái jiàn Bjūn de dìyī miàn gǎnjué háishì
沈小白 见 B君 的 第一 面 感觉 还是
Shen Xiaobai seeing Mr. B of the first face felt was
the first sight

bùcuòde, wénqi ér gānjìngde nánshēng,
不错的, 文气 而 干净的 男生,
not bad gentle and clean of boy

shuō qǐ huà lái yěshì bīnbīnyǒulǐ. Shénxiǎobái
说 起 话 来 也是 彬彬有礼。 沈小白
said -up- word -to come- also was well-mannered Shen Xiaobai
when spoke

duì tāde yìnxiàng dàoyě háibùcuò.
对 他的 印象 倒也 还不错。
to his impression actually not so bad

Liǎnggèrén ... zhàolì shuōle yīxià bǐcǐ de
两个人 ... 照例 说了 一下 彼此 的
two people ... as usual said — each other 's
they(Mr. B and Shen Xiaobai) have a

shēnghuó gōngzuò dàoyě qīngsōng, shénxiǎobái zuìjìn
生活 工作 倒也 轻松, 沈小白 最近
life work actually relaxed Shen Xiaobai recently

yǎngle yī zhǐ māo, shēnkè gǎnshòudào nàxiē
养了 一 只 猫, 深刻 感受到 那些
raised one -for animals- cat profoundly felt those
kept

zuò bà mā de rén zài péngyǒu quān
做 爸 妈 的 人 在 朋友 圈
do dad mum who people in friends circle
as moments on social network

huāshì xuàn wá de xīnqíng. Shénxiǎobái zhè
花式 炫 娃 的 心情。 沈小白 这
fancy(ways) showing off babies of mood Shen Xiaobai this
feelings

shí yě ná chū zìjǐ jiā xiǎo māo de zhàopiàn gěi
时 也 拿 出 自己 家 小 猫 的 照片 给
time also took out her family little cat of photos to
when

Bjūn kàn, Bjūn liánlián kuāzàn, shuō zìjǐ jiā
B君 看, B君 连连 夸赞, 说 自己 家
Mr. B see Mr. B repeatedly praises saying his family

yěyǒu yī zhǐ xiǎo gǒu, Shénxiǎobái gāng
也有 一 只 小 狗, 沈小白 刚
also had one -for animals- little dog Shen Xiaobai just

| xiǎng | shuō | tā | yě | xiǎngyào | yī | zhǐ | gǒu, |
|---|---|---|---|---|---|---|---|
| 想 | 说 | 她 | 也 | 想要 | 一 | 只 | 狗， |
| wanted to | say | she | also | wanted to have | one | -for animals- | dog |

| méi | láidéjí | wèn, | Bjūn | jǐn | jiēzhe |
|---|---|---|---|---|---|
| 没 | 来得及 | 问， | B君 | 紧 | 接着 |
| not | was able to do in time | to ask | Mr. B | immediately | kept on |

| shuō | "shì | wǒ | èr | yínǎi | jiā | de, | tā |
|---|---|---|---|---|---|---|---|
| 说 | "是 | 我 | 二 | 姨奶 | 家 | 的， | 她 |
| saying | it was | my | second | grandma's sister | family | — | her |

| érxífù | yǎng | de, | huáiyùn | de | shíhòu | sòng |
|---|---|---|---|---|---|---|
| 儿媳妇 | 养 | 的， | 怀孕 | 的 | 时候 | 送 |
| daughter-in-law | raises | — | was pregnant | — | time when | gave away |

| dào | wǒmen | jiā | lái | de, | wǒ | mā | xiànzài | dōu |
|---|---|---|---|---|---|---|---|---|
| 到 | 我们 | 家 | 来 | 的， | 我 | 妈 | 现在 | 都 |
| to | our | family | -to come- | — | my | mum | now | even |

| bùshì | hěn | xiǎng | yǎng | le | ……" | Shénxiǎobái |
|---|---|---|---|---|---|---|
| 不是 | 很 | 想 | 养 | 了 | ……" | 沈小白 |
| doesn't | very much | want to | raise | — | …… | Shen Xiaobai |

| dǎduàn | tāde | huà | "wèishéme | yàobǎ | gǒu | sòng | gěi | nǐmen |
|---|---|---|---|---|---|---|---|---|
| 打断 | 他的 | 话 | "为什么 | 要把 | 狗 | 送 | 给 | 你们 |
| interrupted | his | talk | why | have to | dog | send | to | you |

| ya? | Bùshì | jiāyǎngde | ma?" | Bjūn | shāo | dùn |
|---|---|---|---|---|---|---|
| 呀？ | 不是 | 家养的 | 吗？" | B君 | 稍 | 顿 |
| — | isn't it | domesticated | — | Mr. B | slightly | paused |

"怀孕了 就 不 好 再 养 宠物 了, 我
"huáiyùnle jiù bù hǎo zài yǎng chǒngwù le, wǒ
being pregnant / then / not / good / again / raise / pets / – / my

妈 说了, 猫 呀 狗 呀 身上 有 什么
mā shuōle, māo ya gǒu ya shēnshàng yǒu shénme
mum / says / cat / – / dog / – / in the body / has / some

病毒, 孕妇 如果 传染 会 对 孩子
bìngdú, yùnfù rúguǒ chuánrǎn huì duì háizi
virus / pregnant woman / if / gets infected / would / to / children

不好的, 你 以后 怀孕了 也 要 把 猫
bùhǎode, nǐ yǐhòu huáiyùnle yě yào bǎ māo
not good / you / in the future / is pregnant / also / must / -to- / cat

送 出去 的"。 B君 说得 理所当然,
sòng chūqù de". Bjūn shuōdé lǐsuǒdāngrán,
send / away / – / Mr. B / said / as a matter of course

沈小白 心里 想 "我 怀孕 就 不 劳烦
shénxiǎobái xīnlǐ xiǎng "wǒ huáiyùn jiù bù láofán
Shen Xiaobai / in mind / thought / I / get pregnant / then / not / bother

您 操心 了 吧!" 但是 这个 人 毕竟
nín cāoxīn le ba!" Dànshì zhège rén bìjìng
you (respect) / to worry / – / – / but / this / people / after all

是 老妈 的 朋友 介绍, 并 不 好
shì lǎomā de péngyǒu jièshào, bìng bù hǎo
was / mum / 's / friend / introduced (by) / and / not / good

当场 发作， 所以 只是 点点头 称 是。
*dāngchǎng fāzuò, suǒyǐ zhǐshì diǎndiǎntóu chēng shì.*
on the spot / lost her temper / so / only / nodded / to say / Yes

一句 话 扫 得 沈小白 意兴 阑珊， B君
*Yījù huà sǎo dé shénxiǎobái yìxìng lánshān, Bjūn*
a / word / swept (casted a chill) / — / Shen Xiaobai / interest / flagging / Mr. B

应该 也 感觉 到 了， 便 换了 一个 话题
*yīnggāi yě gǎnjué dào le, biàn huànle yīgè huàtí*
should / also / feel / -could- / — / then / changed / one / topic

问 起 沈小白 对 结婚 对象 的 要求
*wèn qǐ shénxiǎobái duì jiéhūn duìxiàng de yāoqiú*
ask / about / Shen Xiaobai / to / marriage / partner / of / requirement

是 什么， 沈小白 想了 想， 想要 揶揄
*shì shénme, shénxiǎobái xiǎngle xiǎng, xiǎngyào yéyú*
was / what / Shen Xiaobai / thought thought (thought it over) / wanted to / tease

一下， 便 说 "其实 也 没什么 其他的，
*yīxià, biàn shuō "qíshí yě méishénme qítāde,*
once / then / said / actually / -also- / it's nothing / the others (something special)

就是 要 有 自己 的 准 主意， 不要 太
*jiùshì yào yǒu zìjǐ de zhǔn zhǔyì, bùyào tài*
just / must / have / himself / 's / fixed / idea / don't / too

妈 宝， 关键 时候 有 自己 的 想法 就
*mā bǎo, guānjiàn shíhòu yǒu zìjǐ de xiǎngfǎ jiù*
mum treasures (mama's boy) / critical / moment / has / himself / 's / thoughts / then

行"。 沈小白 笑 意 盈盈 地
xíng". Shénxiǎobái xiào yì yíngyíng d
fine Shen Xiaobai smiled meaning full of happiness -ly-
                                 smiling

看着 B君, 想 看 看 对方 脸 上
kànzhe Bjūn, xiǎng kàn kàn duìfāng liǎn shàng
looked at Mr. B wanted to see see the other side face on
               have a look

是 什么 颜色。 B君 似乎 没有 感觉 到
shì shénme yánsè. Bjūn sìhū méiyǒu gǎnjué dào
was what colour Mr. B seemed didn't sense able to

沈小白 的 语气, 反而 点点头, 很 认真
shénxiǎobái de yǔqì, fǎn'ér diǎndiǎntóu, hěn rènzhēn
Shen Xiaobai 's tone instead nodded his head very serious

地 说: "是, 我 妈 也 这样 说。 那 你 觉得
de shuō: "Shì, wǒ mā yě zhèyàng shuō. Nà nǐ juédé
ly said Yes my mum also like this says so you think

结婚 以后 能 接受 和 父母 住在
jiéhūn yǐhòu néng jiēshòu hé fùmǔ zhùzài
getting married after could accept with parents live

一起 吗"? 沈小白 气 绝, 脸 上 依然
yīqǐ ma"? Shénxiǎobái qì jué, liǎn shàng yīrán
together – Shen Xiaobai breath stopped face on still

面 不 改色 "不能", 说得
miàn bù gǎisè "bùnéng", shuōdé
face not change colour can't said
     stayed calm          No

斩 钉 截 铁。B君 这 一 次 倒是 面
zhǎn dīng jié tiě. Bjūn zhè yī cì dǎoshì miàn
to chop nails cut iron Mr. B this one time but face
categorically

露 尴尬 "哦, 是吧, 也对, 我 妈 之前
lù gāngà "ó, shìba, yěduì, wǒ mā zhīqián
showed awkwardness oh right alright my mum before

就 一直 说 要 一起 住, 我
jiù yīzhí shuō yào yīqǐ zhù, wǒ
then all the time said had to together lived my

大 姑 一直 劝 我 妈 说 你
dà gū yīzhí quàn wǒ mā shuō nǐ
big aunt all the time persuades my mum saying you
father's older sister

每天 一起 和 小辈 住, 就是 不 给
měitiān yīqǐ hé xiǎobèi zhù, jiùshì bù gěi
every day together with youger generation live that's not give

小辈 孝敬 的 机会, 如果
xiǎobèi xiàojìng de jīhuì, rúguǒ
younger generation showing filial obedience of opportunity if

不 在 一起, 小辈 逢 年 过
bù zài yīqǐ, xiǎobèi féng nián guò
not be together younger generation every years celebrate
New year

节 也 好 多 孝敬 一点 对吧?" 这个
jié yě hǎo duō xiàojìng yīdiǎn duìba?" Zhège
festivals also better mych filial a little right? this

fǎnwèn 反问 ask in return
ràng 让 let
shénxiǎobái 沈小白 Shen Xiaobai
zhuóshí 着实 really
gāngà, 尴尬, awkward
jiéhūn 结婚 get married

hé 和 with
fùmǔ 父母 parents
tóng 同 same together
zhù 住 live
de 的 of
lìbì 利弊 pros and cons
shénxiǎobái 沈小白 Shen Xiaobai
kěyǐ 可以 could

fēnxī 分析 analysis
dé 得 -after verbs-so
qīngqīngchǔchǔ, 清清楚楚, absolutely clear
dànshì 但是 but
zhèyàng 这样 like this

qīngqíde 清奇的 quaint and attractive
nǎo 脑 brain
huílù, 回路, loop
shénxiǎobái 沈小白 Shen Xiaobai
dǎoshì 倒是 actually
dìyī 第一 first

cì 次 time
tīng. 听。 heard
Zhǐ 只 only
juédé 觉得 felt
zìjǐ 自己 herself
rě 惹 to prokove
bù 不 not
qǐ 起 up
cannot afford to offend
dànshì 但是 but

kěyǐ 可以 could
duǒ, 躲, avoid
biàn 便 then
jièkǒu 借口 made an excuse
shíjiān 时间 time
bù 不 not
zǎo 早 early
bùzài 不再 no more

duō 多 much
shuō, 说, say
zǒu 走 left
wéi 为 as
shàngjì. 上计。 the best plan

Bjūn B君 Mr. B
zhíyì 执意 insisted in
yào 要 wanting to
mǎidān, 买单, pay
shénxiǎobái 沈小白 Shen Xiaobai
niù 拗 talk around

不过 想着 回去 还是 一个 红包 还
buguò xiǎngzhe huíqù háishì yīgè hóngbāo hún
unable to / thinking / go back / yet / one / red envelope / return

回去。 在 想 用 什么 借口 还 的时候
huíqù. Zài xiǎng yòng shénme jièkǒu huán deshíhòu
back / during / thinking / to use with / what / excuse / return / when

不 小心 用 包 碰到 了 旁边 桌 的
bù xiǎoxīn yòng bāo pèngdào le pángbiān zhuō de
not careful accidentally / with / bag / knocked over / — / beside / table / of

咖啡, 洒到 了 别人 身 上。 沈小白
kāfēi, sǎdào le biérén shēn shang. Shénxiǎobái
coffee / shed / — / other people / body / on / Shen Xiaobai

一阵 手 忙 脚 乱 擦 别人 的
yīzhèn shǒu máng jiǎo luàn cā biérén de
a burst of / handy / ocupied / feet / rashly in a flurry / wiping / other people / 's

衣服。 "妈? 你 怎么 在 这儿?" 妈? 虽然 是
yīfú. "Mā? Nǐ zěnme zài zhè'er?" Mā? Suīrán shì
clothes / "mum / you / how / in / here / mum / even though / was

冬天, 但是 眼前 这 位 阿姨 还是
dōngtiān, dànshì yǎnqián zhè wèi āyí háishì
winter / yet / in front of the eyes / this / -person- / auntie / still

包裹 得 过于 严实, 让 人
bāoguǒ dé guòyú yánshí, ràng rén
wrapped / -after verbs-so / too much / tight / making / people

| bù | gǎn | xiāngxìn | tā | shì | lái | hē | kāfēi | érshì | lái |
|---|---|---|---|---|---|---|---|---|---|
| 不 | 敢 | 相信 | 她 | 是 | 来 | 喝 | 咖啡 | 而是 | 来 |
| not | dare to | believe | she | was | come to | drink | coffee | instead | to |
| | unable to believe | | | | | | | | |

| hē | jiāng | tāng. | Zhège | zhuàngkuàng | rúguǒ | bùshì | lǎo | mā |
|---|---|---|---|---|---|---|---|---|
| 喝 | 姜 | 汤。 | 这个 | 状况 | 如果 | 不是 | 老 | 妈 |
| drink | ginger | soup | this | situation | if | is not | old | mum |

| dānxin | erzǐ | gēnzhe | xiāngqīn, | jiùshì | tā | mā | kàn |
|---|---|---|---|---|---|---|---|
| 担心 | 儿子 | 跟着 | 相亲， | 就是 | 他 | 妈 | 看 |
| worried about | son | followed to | blind date | then is | his | mum | see |

| "wújiàndào" | shàngyǐn | xiǎng | tǐyàn | yīxià |
|---|---|---|---|---|
| 《无间道》 | 上瘾 | 想 | 体验 | 一下 |
| Infernal Affairs | was addictive to | wanted to | experience | once |
| (a film) | | | | have a experience |

| shēnghuó | le. |
|---|---|
| 生活 | 了。 |
| life | — |

| Shénxiǎobái | jiàole | shēng | āyí | biàn | líkāi, | liúxià |
|---|---|---|---|---|---|---|
| 沈小白 | 叫了 | 声 | 阿姨 | 便 | 离开， | 留下 |
| Shen Xiaobai | called | -sound- | auntie | then | left | leaving down |

| yī | duì | mǔzǐ | xiāng | ài | xiāng | shā. |
|---|---|---|---|---|---|---|
| 一 | 对 | 母子 | 相 | 爱 | 相 | 杀。 |
| a | pair | mother and child | each other | love | each other | kill |
| | | | | | | fight |

| Súhuà | shuō, | dāng | nǐ | xiǎngyào | liǎojiě | yīgè | rén |
|---|---|---|---|---|---|---|---|
| 俗话 | 说， | 当 | 你 | 想要 | 了解 | 一个 | 人 |
| proverb | says | when | you | want to | understand | one | person |
| it is said that | | | | | | | |

的时候， 你 就 会 发现 自己的 身边
deshíhòu, nǐ jiù huì fāxiàn zìjǐde shēnbiān
when you then would find out oneself's / yourself side

充满着 之前 视 而 不 见 的 联系。
chōngmǎnzhe zhīqián shì ér bù jiàn de liánxì.
is filled with before to look at but not see that connection
to look at but not turn a blind eye

果然， B君 原来 是 沈小白
Guǒrán, Bjūn yuánlái shì shénxiǎobái
As expected Mr. B it turned out that was Shen Xiaobai

公司 前台 的 前 男友， 据说 俩
gōngsī qiántái de qián nányǒu, jùshuō liǎ
the company receptionist 's ex boyfriend it is said that two

人 当年 也 快到 谈 婚 论
rén dāngnián yě kuàidào tán hūn lùn
people that year / that time also almost to talk about marriage to discuss

嫁 的时候， 就是 因为 B君 妈妈 强烈的
jià deshíhòu, jiùshì yīnwèi Bjūn māma qiángliède
marriage when but because of Mr. B Mama strong

控制 欲 和 占有 欲 而 分手， B君
kòngzhì yù hé zhànyǒu yù ér fēnshǒu, Bjūn
controlling desire and possessive desire but broke up Mr. B

从 小 就是 别人 家 的 孩子， 样 样
cóng xiǎo jiùshì biérén jiā de háizi, yàng yàng
since small is the other family 's child kind kind
every kind

优秀， 但是 至今 他 仍然 是 别人 家 的
yōuxiù, dànshì zhìjīn tā réngrán shì biérén jiā de
excellent but until now he still is the other family 's

"孩子"， 对 他 妈 言 听 计 从。
"háizi", duì tā mā yán tīng jì cóng.
child to he mum words to listen to plan to follow
follow advice without questioning

沈小白 长 舒 一 口 气， 幸亏
Shénxiǎobái cháng shū yī kǒu qì, xìngkuī
Shen Xiaobai long to relieve one -mouth- breath fortunately
deep
took a sigh of relief

自己 已经 练 得 一 双
zìjǐ yǐjīng liàn dé yī shuāng
herself already have trained -after verbs- a pair
able to

火 眼 金 睛， 不再 会 被 那
huǒ yǎn jīn jīng, bùzài huì bèi nà
fire eye golden eye no more would by that
sharp and clear eyes to point out the fake

副 皮囊 欺骗。 谁 知道 糖衣 之下 裹
fù pínáng qīpiàn. Shéi zhīdào tángyī zhīxià guǒ
-look- skin is deceived who knows sugar coating under wrap

的 是 什么 呢?
de shì shénme ne?
that is what —

63

# 大 清朝 已经 亡了

————

女人， 尤其 是 从 小 偶像 剧 和
*Nǚrén, yóuqí shì cóng xiǎo ǒuxiàng jù hé*
women specially -are- since childhood idol dramas and

言情 小说 看 多了 的 女人， 总 会
*yánqíng xiǎoshuō kàn duōle de nǚrén, zǒng huì*
romance fictions see more that women always would
love stories

有点 霸道 总裁 情节。 想 当年，
*yǒudiǎn bàdào zǒngcái qíngjié. Xiǎng dāngnián,*
somewhat arbitrary CEO plot think that year

沈小白 也 是 拿着 手电筒 躲 在 被 窝
*Shénxiǎobái yě shì názhuó shǒudiàntǒng duǒ zài bèi wō*
Shen Xiaobai also was holding flashlight hidng in quilt nest

里 看 小说 的 人。 俗话 说 "少女
*li kàn xiǎoshuō de rén. Súhuàshuō shuō "shàonǚ*
-inside- read novel who person proverb says maiden
it is said that

情怀 总 是 诗"， 沈小白 也 流着 哈喇子
*qínghuái zǒng shì shī", Shénxiǎobái yě liúzhe hālazi*
feelings always are poems Shen Xiaobai also slobber saliva

幻想 过 高大 英俊的 霸道 总裁 男主，把 自己 堵 在 墙角，露出 邪魅 而 诱惑的 笑 "女人，你 是 我的。"

单身 多 年 之后，沈小白 的 恋爱 经验 多半 来自 韩剧，理想 型 统统 都 是 长 腿 欧巴，看 多了 就 不免 对 现实 中 的 男人 有点 失望。帅气 的 不 深情，深情 的 没 有 钱，有

钱 的 又 油腻，这 是 一个 白日 做梦 式
qián de yòu yóunì, zhè shì yīgè báirì zuòmèng shì
money who but fatty this was a daytime to dream way / day dreaming

的 死 循环。 直到 遇见 C君。
de sǐ xúnhuán. Zhídào yùjiàn Cjūn.
of die circulation / infinite loop until met Mr. C

C君 是 之前 的 一个 客户， 沈小白 的 工作
Cjūn shì zhīqián de yīgè kèhù, Shénxiǎobái de gōngzuò
Mr. C was before of a client Shen Xiaobai 's work

中 帮过 他 一个 忙， 一直 说 要 请
zhōng bāngguò tā yīgè máng, yīzhí shuō yào qǐng
in helped hime a favour kept saying have to invite

吃饭， 但是 后来 大家 都 非常 忙，
chīfàn, dànshì hòulái dàjiā dōu fēicháng máng,
to have a meal but later everyone all very busy

时间 总是 凑 不 到 一起， 所以
shíjiān zǒngshì còu bù dào yīqǐ, suǒyǐ
time always gather together not abel to together therefore

也就 不了了之。 没 想到 会 在 一次 朋友
yějiù bùliǎoliǎozhī. Méi xiǎngdào huì zài yīcì péngyǒu
then left it unsettled didn't expect would in one friends

组织 的 饭局 上 碰到， 俩 人
zǔzhī de fànjú shàng pèngdào, liǎ rén
organised that dinner gathering on met both people

xiāng 相 each other
liáo 聊 talked
shèn 甚 very
huān, 欢, happily
Shénxiǎobái 沈小白 Shen Xiaobai
shēnyè 深夜 (at) midnight
fā 发 sent

wēixìn 微信 Wechat
gěi 给 to
péngyǒu, 朋友, friends
shuō 说 saying
tā 她 she
juédé 觉得 felt
zìjǐ 自己 herself

tiěshù 铁树 Sago tree
kāihuā 开花 blossomed —
le. 了。 something seldom seen

"Kāihuā"de "开花"的 bloomed
Shénxiǎobái 沈小白 Shen Xiaobai
zhuì 坠 fell
rù 入 into
ài 爱 love
hé, 河, river (river of) love
měitiān 每天 everyday
de 的 's

mùguāng 目光 eyes
lǐ 里 in
dōu 都 all
shì 是 were
yī 一 a
fù 副 -for looks-

nóng 浓 strong
qíng 情 affections
mì 蜜 sweet
yì. 意。 feelings great tenderness between lovers
Cjūn C君 Mr. C
yě 也 also
fēicháng 非常 very much

"shàng 上 on top impressed
dào", 道", arrive
qínghuà 情话 sweet nothings
zhāng 张 open
kǒu 口 mouth
jiù 就 then
lái, 来, come

tǐtiē 体贴 thoughful
zhōudào 周到 considerate
yīyàng 一样 one kind every kind
bù 不 not
luò. 落。 leave
Zài 在 under
zhèyàngde 这样的 such

攻势 下， 沈小白 决定 同居， 吸取了

之前的 经验， 沈小白 认为， 只有 近 距离

的 生活 与 磨合 才 能够 真正 地

显示 出 各自 本来的 面目。

之前的 沈小白 是 非常 懒散的 人， 因为

自己 一个人 生活， 没有 什么 拘束，

经常 是 一周 有 空闲 了 一个

大扫除， 日常 也是 叫 外卖 居多，

毕竟 工作 真的 非常 忙，每天 下班
bìjìng gōngzuò zhēnde fēicháng máng, měitiān xiàbān
after all / in work / really / very / busy / every day / after work

都 很 晚 了，如果 再 做 饭 洗 碗，
dōu hěn wǎn le, rúguǒ zài zuò fàn xǐ wǎn,
already / very / late / — / if / (if) / made / meal dinner / washed / dishes

时间 战线 会 非常 长。可是 C君 不 是。
shíjiān zhànxiàn huì fēicháng zhǎng. Kěshì Cjūn bù shì.
time / battle line / would / very / long / But / Mr. C / not / was

他 是 严格 自律的 人，家里 要 保持
Tā shì yángé zìlǜde rén, jiālǐ yào bǎochí
he / was / strictly / self-disciplined / person / at home / must / keep

整洁，食物 要 做 好 营养 搭配，
zhěngjié, shíwù yào zuò hǎo yíngyǎng dāpèi,
tidy / food / had to / make / good well / nutritious nutritionally / to match balanced

生活 要 时刻 保持 向上的 状态。
shēnghuó yào shíkè bǎochí xiàngshàngde zhuàngtài.
in life / must / every moment / stay / upward posotive / state

和 C君 在 一起 后，沈小白 觉得 自己
Hé Cjūn zài yīqǐ hòu, Shénxiǎobái juédé zìjǐ
with / Mr. C / being / together / after / Shen Xiaobai / thought / herself

简直 给 女性 同胞 抹黑，邋遢
jiǎnzhí gěi nǚxìng tóngbāo mǒhēi, lātà
absolutely / to / female / sisters / disgraced / sloppy

成 这个 样子， 用 C君 的 话 说 就是：
chéng zhège yàngzi, yòng Cjūn de huà shuō jiùshì:
-as- this appearance with Mr.C 's word to say that was
like this

"现在 的 小 姑娘， 出门 的时候 光鲜
"xiànzài de xiǎo gūniáng, chūmén deshíhòu guāngxiān
nowdays 'd young girls go out when well-dressed

亮 丽， 一个个 赛 仙女， 但是 回到
liang lì, yīgègè sài xiānnǚ, dànshì huídào
bright beautiful every one better than fairies but go back

家 就 打 回 原形， 变 成 猪 精"。
jiā jiù dǎ huí yuánxíng, biàn chéng zhū jīng".
home then beat back true colours changing into pig monster

沈小白 决定 改变。
Shénxiǎobái juédìng gǎibiàn.
Shen Xiaobai decided to change

首先 是 厨 艺。 都 说 一个 人 的 饭
Shǒuxiān shì chú yì. Dōu shuō yīgè rén de fàn
firstly was cooking skill all said one person of meal

难 做， 所以 沈小白 之前 极少 做 饭，
nán zuò, suǒyǐ Shénxiǎobái zhīqián jíshǎo zuò fàn,
difficult to make so Shen Xiaobai before rarely made meal

再加上 做 完 之后 也 无 人 欣赏，
zàijiāshàng zuò wán zhīhòu yě wú rén xīnshǎng,
what's more making finishing after also no one admire

所以 也就 兴味 索然。 和 C君 在 一起,
suǒyǐ yějiù xìngwèi suǒrán. Hé Cjūn zài yīqǐ,
so then interest dull with Mr. C were together
have lost all interest in

因为 他 一直 吃 不 惯 外卖, 所以
yīnwèi tā yīzhí chī bú guàn wàimài, suǒyǐ
because he all the time eating not be used to take out so

沈小白 开始 学着 蒸 炸 炖 煮, 没
Shénxiǎobái kāishǐ xuézhe zhēng zhá dùn zhǔ, méi
Shen Xiaobai started to learn steam fry stew boil didn't

想到 还 真的 挺 好吃, C君 甚 是 满意,
xiǎngdào hái zhēnde tǐng hàochī, Cjūn shèn shì mǎnyì,
expect even really quite delicious Mr. C very was pleased

对 沈小白 说 要 留住 男人 的 心 要
duì Shénxiǎobái shuō yào liúzhù nánrén de xīn yào
to Shen Xiaobai saying want to keep man 's heart need to

先 留住 男人 的 胃, 他 觉得 自己
xiān liúzhù nánrén de wèi, tā juédé zìjǐ
first keep man of stomach he thought himself

离不开 沈小白 了。 恋爱 的 甜蜜
lìbùkāi Shénxiǎobái le. Liàn'ài de tiánmì
couldn't leave Shen Xiaobai — Love of sweetness

和着 饭 香, 沈小白 甚至 有点
hézhe fàn xiāng, shénxiǎobái shènzhì yǒudiǎn
mixed with meal smell good Shen Xiaobai even somewhat
delicious

感动，你 看，自己 终于 长大了，可以 去
gǎndòng, nǐ kàn, zìjǐ zhōngyú zhǎngdàle, kěyǐ qù
was moved / you / see / yourself / finallu / grow up / can / to

张罗 一 桌子 饭菜，可以 照顾 别人
zhāngluó yī zhuōzi fàncài, kěyǐ zhàogù biérén
prepare / a / desk (of) / dishes / can / take care of / the others

了。
le.

接着，沈小白 开始 改 掉 自己 懒散的
Jiēzhe, Shénxiǎobái kāishǐ gǎi diào zìjǐ lǎnsǎnde
And then / Shen Xiaobai / began to / to correct / -away-give up / her / sluggish

毛病，不管 多 忙，都要 保持 房间
máobìng, bùguǎn duō máng, dōuyào bǎochí fángjiān
shortcoming / no matter / how / busy / had to / maintain / rooms

干净 整洁，东西 要 放 回 原 处，桌子
gānjìng zhěngjié, dōngxī yào fàng huí yuán chù, zhuōzi
clean / tidy / things / must / put / back / original / place / desk

要 不 落 尘土，脏的 衣服 不 可以
yào bù là chéntǔ, zàngde yīfú bù kěyǐ
must / not / leave / dust / dirty / clothes / not / could

积攒，要 及时 洗好 挂 起，
jīzǎn, yào jíshí xǐhǎo guà qǐ,
accumulate bit by bit / had to / in time / wash / hang / up

沈小白 还 发现了 一 款 日本的 洗衣 凝珠，能够 让 衣服 持久 留 香。沈小白 站 在 阳台 上，暖暖的 阳光 晒 在 身上，令 人 感到 幸福。

沈小白 以为 自己 会 一直 这样 幸福 下去。过去的 日子 就 像 漂浮 在 云 里，此刻 她 终于 着陆，闻到 了 真实的、烟火 味 的 生活 气息。至少

| zhè | shì | tā | suǒ | lǐjiě | de | shēnghuó, | yěshì | tā |
|---|---|---|---|---|---|---|---|---|
| 这 | 是 | 她 | 所 | 理解 | 的 | 生活, | 也是 | 她 |
| this | was | she | what | understand | of | life | also was | she |

| kàndào | de | fùbèi | de | shēnghuó, | hǎoxiàng | zìjǐde |
|---|---|---|---|---|---|---|
| 看到 | 的 | 父辈 | 的 | 生活, | 好像 | 自己的 |
| saw | what | elder generation | of | life | like | her |

| mǔqīn. | Yǒngyuǎn | rèqì | téngténgde | fàncài, | yǒngyuǎn |
|---|---|---|---|---|---|
| 母亲。 | 永远 | 热气 | 腾腾的 | 饭菜, | 永远 |
| mother | forever | hot vapor | steaming | meal | always |

| gānjìng | qīngjiéde | yīwù, | mǔqīn | jiùshì | zhèyàng | zhàogùzhe |
|---|---|---|---|---|---|---|
| 干净 | 清洁的 | 衣物, | 母亲 | 就是 | 这样 | 照顾着 |
| clean | clean | clothes | mother | was | like this | taking care of |

| jiālǐ | de | měi | yīgè | rén. | Tā | shì | nàyàngde |
|---|---|---|---|---|---|---|---|
| 家里 | 的 | 每 | 一个 | 人。 | 她 | 是 | 那样的 |
| home | -that- | every | one | -people- | she | was | so |

| gǎnjī | zìjǐde | mǔqīn, | kěshì | wèishéme | māma | bùshì |
|---|---|---|---|---|---|---|
| 感激 | 自己的 | 母亲, | 可是 | 为什么 | 妈妈 | 不是 |
| grateful for | her | mother | but | why | mother | was not |

| nàme | kuàilè | ne? | Zài | tāde | jìyì | lǐ, | tā | hǎoxiàng |
|---|---|---|---|---|---|---|---|---|
| 那么 | 快乐 | 呢? | 在 | 她的 | 记忆 | 里, | 她 | 好像 |
| so | happy | — | in | her | memory | -inside- | she | seemed |

| cónglái | méiyǒu | fā | zì | nèixīn | de | xiào | guò. | Rúguǒ |
|---|---|---|---|---|---|---|---|---|
| 从来 | 没有 | 发 | 自 | 内心 | 地 | 笑 | 过。 | 如果 |
| never | not | start | from | heart | -ly- | laughed | had ever | if |

from the bottom of heart

妈妈 现在 知道 她 可以 照顾 自己，她 会

māma xiànzài zhīdào tā kěyǐ zhàogù zìjǐ, tā huì

mother now knew she could look after herself she would

不 会 发自 内心 地 笑 一次，没有

bù huì fāzì nèixīn de xiào yīcì, méiyǒu

not would come from / from the bottom of heart | deep in heart | ly smile once no

匆忙，没有 敷衍，没有 其他的 杂质，只是

cōngmáng, méiyǒu fūyǎn, méiyǒu qítāde zázhí, zhǐshì

in a rush no perfunctorily no other impurity just

欣慰。沈小白 不 知道，她 只 知道 自己

xīnwèi. Shénxiǎobái bù zhīdào, tā zhǐ zhīdào zìjǐ

be gratified Shen Xiaobai not know she only knew herself

不 想 变成 和 妈妈 一样 的 人，她

bù xiǎng biànchéng hé māma yīyàng de rén, tā

not want to become as mum the same that people / someone she

想 做 能够 开怀 大笑 的 人，

xiǎng zuò nénggòu kāihuái dàxiào de rén,

wanted to be be able to to hearts content / laugh heartily laugh who peope / someone

她 想 让 自己的 后代 也 感染 到

tā xiǎng ràng zìjǐde hòudài yě gǎnrǎn dào

she wanted to let her offsprings also infect / feel able to

自己的 快乐，而 不是 像 她 一样，拥有 一个

zìjǐde kuàilè, ér bùshì xiàng tā yīyàng, yǒngyǒu yīgè

her happiness yet not as her the same has a

yǒngyuǎn zài jiāolǜ de māma, tā juédé zìjǐ kěyǐ
永远 在 焦虑 的 妈妈, 她 觉得 自己 可以
always in anxiety who mum she thought herself could

zuòdào.
做到。
do it

Shénxiǎobái de gōngzuò shǔyú yǒu qīngmù dìshíhòu
沈小白 的 工作 属于 有 项目 的时候
Shen Xiaobai 's job belong to has projects when
is classified as

tèbié máng, méiyǒu deshíhòu yòu tèbié
特别 忙, 没有 的时候 又 特别
especially busy do not have — timewhen again especially

qīngxián. Xiàyīgè xiàngmù láilín, shénxiǎobái zhèngshì
清闲。 下一个 项目 来临, 沈小白 正式
idle next project comes Sheng Xiaobai formally

jìnrù "wàngjì", yòu kāishǐ le xīn yī lún zǎo
进入 "旺季", 又 开始 了 新 一 轮 早
goes into peak period again started — new a round early

chū wǎn guī de shēnghuó. Gōngzuò shàng de yālì
出 晚 归 的 生活。 工作 上 的 压力
leave night return of life work in of stress

biàn dà, shénxiǎobái duì jiāwù yě yǒuxiē
变 大, 沈小白 对 家务 也 有些
become big Shen Xiaobai to housework also somewhat

| xīn | yǒuyú | ér | lì | bùzú, | dànshì | Cjūn |
|---|---|---|---|---|---|---|
| 心 | 有余 | 而 | 力 | 不足， | 但是 | C君 |
| heart | have a surplus | but | strength | not enough | but | Mr. C |

the will is there but the flesh is weak

| yǐjīng | xíguànle | huí | jiā | jiù | yǒu | fàn | chī, |
|---|---|---|---|---|---|---|---|
| 已经 | 习惯了 | 回 | 家 | 就 | 有 | 饭 | 吃， |
| already | was used to | going back | home | then | had | meal | to eat |

| jiālǐ | yǒngyuǎn | zhěngjiéde | rìzi, | duìyú | zhège | gǎibiàn |
|---|---|---|---|---|---|---|
| 家里 | 永远 | 整洁的 | 日子， | 对于 | 这个 | 改变 |
| at home | always | tidy | day | to | this | change |

| zhūduō | bùmǎn, | jīngcháng | wěiqubābā | de | chīzhe |
|---|---|---|---|---|---|
| 诸多 | 不满， | 经常 | 委屈巴巴 | 地 | 吃着 |
| many | complaints | often | full of grievances | ly | eat |

| wàimài, | kànzhe | shénxiǎobái, | wúnài | shénxiǎobái | chī | ruǎn |
|---|---|---|---|---|---|---|
| 外卖， | 看着 | 沈小白， | 无奈 | 沈小白 | 吃 | 软 |
| take out | looking at | Shen Xiaobai | however | Shen Xiaobai | eat | soft |

| bù | chī | yìng, | zhǐ | néng | cóng | chuángshàng | qǐlái | qù | gěi |
|---|---|---|---|---|---|---|---|---|---|
| 不 | 吃 | 硬， | 只 | 能 | 从 | 床上 | 起来 | 去 | 给 |
| not | eat | hard | only | could | from | (on) bed | wake up | go to | for |

| Cjūn | zuò | fàn. | Chèn | Cjūn | chīfàn | de | gōngfū, | shénxiǎobái |
|---|---|---|---|---|---|---|---|---|
| C君 | 做 | 饭。 | 趁 | C君 | 吃饭 | 的 | 功夫， | 沈小白 |
| Mr. C | make | meal | while | Mr. C | eating | of | kongfu time | Shen Xiaobai |

| xǐ | wánliǎo | zǎo, | jiāng | yīfú | rēng | jìn |
|---|---|---|---|---|---|---|
| 洗 | 完了 | 澡， | 将 | 衣服 | 扔 | 进 |
| washing | finished | bath | to | clothes | threw | into |

finished bathing

洗衣机，困意 像 潮水 般 涌来，
*xǐyījī, kùnyì xiàng cháoshuǐ bān yǒnglái,*
washing machine / sleepiness / like / tide water / as / pouring in

沈小白 拜托 C君 帮忙 洗
*shénxiǎobái bàituō Cjūn bāngmáng xǐ*
Shen Xiaobai / asked for help / Mr. C / do a favour / -to wash-

洗衣服，正在 玩 游戏 的 C君 满口
*xǐyīfú, zhèngzài wán yóuxì de Cjūn mǎnkǒu*
to wash clothes / was (doing) / playing / game / who / Mr. C / readily

答应，沈小白 一头 扎 进 枕头，不
*dāyìng, shénxiǎobái yītóu zhā jìn zhěntóu, bù*
promised / Shen Xiaobai / headlong / dived / into / pillow / not

一会儿 就 睡着了。
*yīhuǐ'er jiù shuìzháole.*
a while / then / fell asleep

第二 天，她 是 被 C君 叫醒的，她 上班
*Dìèr tiān, tā shì bèi Cjūn jiàoxǐngde, tā shàngbān*
the second / day / she / was / by / Mr. C / awoke / she / went to bed

比较 晚，但是 一般 会 早点 起床 做
*bǐjiào wǎn, dànshì yībān huì zǎodiǎn qǐchuáng zuò*
rather / late / but / normally / would / earlier / got up / to make

早餐，这 几 天 太 累 了，所以 就 没
*zǎocān, zhè jǐ tiān tài lèi le, suǒyǐ jiù méi*
breakfast / these / several / days / too / tired / — / so / then / didn't

再 做 了。 沈小白 在 睡梦 中 被 摇
zài zuò le. Shénxiǎobái zài shuìmèng zhōng bèi yáo
again do — Shen Xiaobai in dreams -in- by shaken
make

醒， C君 一 脸 气冲冲 地 质问
xǐng, Cjūn yī liǎn qìchōngchōng de zhìwèn
to awake Mr. C one look furious ly questioned

沈小白， 自己 昨晚 洗 的 T恤 因为
shénxiǎobái, zìjǐ zuówǎn xǐ de Txù yīnwèi
Shen XIaobai his yesterday night washed that T-shirt as

没有 及时 晾 干， 天气 又 热， 现在 一个
méiyǒu jíshí liàng gàn, tiānqì yòu rè, xiànzài yīgè
didn't in time hung to dry weather and hot now a

被 捂 馊 的 味道， 今天 他 要
bèi wǔ sōu de wèidào, jīntiān tā yào
by soaking  to be spoiled of smell today he shall

怎么 穿? 睡 眼 惺忪的 沈小白 懒懒 地
zěnme chuān? Shuì yǎn xīngsōngde shénxiǎobái lǎnlǎn de
how to wear sleepy eyes drowsy Shen Xiaobai lazy ly

说 那 就 换 一 件 吧。 听 完
shuō nà jiù huàn yī jiàn ba. Tīng wán
say so then change one -for clothes- — hearing finished
piece

这 句 话， C君 仿佛 被 点燃 的
zhè jù huà, Cjūn fǎngfú bèi diǎnrán de
this -sentense- words Mr. C as if by lighted that

炮仗，大声 说 今天 自己 要 去
pàozhang, dàshēng shuō jīntiān zìjǐ yào qù
firecrackers loudly said today himself needed to go to

健身，只 有 这 件 衣服 透气性 最好 最
jiànshēn, zhǐ yǒu zhè jiàn yīfú tòuqìxìng zuìhǎo zuì
do gyms only had this piece cloth breathability best most

舒服，结果 还 被 捂 成 这个 样子……
shūfú, jiéguǒ hái bèi wǔ chéng zhège yàngzi……
comfortable as a result still by soaked as this look

这 一下 沈小白 也是 睡意 全 无，
Zhè yīxià shénxiǎobái yěshì shuìyì quán wú,
this -moment- Shen Xiaobai also sleepiness all none

正 想 争吵，却 接到 上级 的
zhèng xiǎng zhēngchǎo, què jiēdào shàngjí de
was about to -want to- argue but received superior 's

电话，项目 组 一个 同事 临时 不能
diànhuà, xiàngmù zǔ yīgè tóngshì línshí bùnéng
call project group a colleague at last minute couldn't

出差，需要 沈小白 临时
chūchāi, xūyào shénxiǎobái línshí
on a business trip needed Shen Xiaobai when the time came

补上 做 好 采访 任务。沈小白 憋着 一
bǔshàng zuò hǎo cǎifǎng rènwù. Shénxiǎobái biēzhe yī
to fill in to do well interview mission Shen Xiaobai held one

kǒuqì, xīn xiǎng yǒuxiē wèntí huílái yīdìng
口气， 心 想 有些 问题 回来 一定
breath (in) heart thought somewhat problem come back surely

yào hé Cjūn shuō qīngchǔ.
要 和 C君 说 清楚。
must with Mr. C speak clearly
talk things through

Shénxiǎobái de xiàngmù wánchéng de hěn chūsè,
沈小白 的 项目 完成 得 很 出色，
Shen Xiaobai 's project finished -after verbs- very excellent

shōudàole shàngjí de biǎoyáng, zhǔbiān shènzhì ànshì zìjǐ
收到了 上级 的 表扬， 主编 甚至 暗示 自己
received superior 's praise editor even hinted himself

yě jiāngjìn tuìxiū, xūyào tíbá yīgè héshìde
也 将近 退休， 需要 提拔 一个 合适的
also was going to retire needed to promote a proper

rénxuǎn, shénxiǎobái mǎnxīn huānxǐ, wèi
人选， 沈小白 满心 欢喜， 为
candidate Shen Xiaobai was filled with (in heart) joy for

zìjǐ shìyè gèng shàng yī céng lóu de kěnéngxìng
自己 事业 更 上 一 层 楼 的 可能性
her career more go up one -for floors- floor of possibility

ér mǎnxīn huānxǐ. Lùn zīlì
而 满心 欢喜。 论 资历
so was filled with (in heart) joy talking about qualifications

hé nénglì, shénxiǎobái díquè shì bùmén zhōng
和 能力， 沈小白 的确 是 部门 中
and ability Shen Xiaobai really was apartment in

shǔ yī shǔ èr de rénxuǎn, shēngzhí yìwèizhe
数 一 数 二 的 人选， 升职 意味着
to count one to count two who candidate promotion meant
one of fthe very best

gènghǎode fāzhǎn hé duì zìjǐ nénglì de rènkě,
更好的 发展 和 对 自己 能力 的 认可，
better development amd to her ability of recogonition

dàn yě yìwèizhe gèngduōde zérèn hé gèngdàde
但 也 意味着 更多的 责任 和 更大的
but also meant more responsibility and more

yālì, zhè yīdiǎn zài tāmen tiáokǎn zhǔbiān guò
压力， 这 一点 在 他们 调侃 主编 过
pressure this point when they poked fun at editor too

zǎo hòutuìde fājìxiàn shí jiù xiǎngdàole, kěshì
早 后退的 发际线 时 就 想到了， 可是
early receding hairline when already had thought about but

"hǎo fēng píngjiè lì, sòng wǒ rù qīngyún",
"好 风 凭借 力， 送 我 入 青云"，
good wind rely on strength send me into sky
high official position

jīhuì láilín, shénxiǎobái dāngrénbùràng.
机会 来临， 沈小白 当仁不让。
opportunity came Shen Xiaobai not decline to accept it

就 这样 踌躇 满 志 地 回到
Jiù zhèyàng chóuchú mǎn zhì de huídào
then like this sumg full ambition ly went back
enormously proud of her success

家中， 即将 升职 的 喜悦 和
jiāzhōng, jíjiāng shēngzhí de xǐyuè hé
home was about to get a promotion of joy and

出差 这 段 时间 的 调和， 让
chūchāi zhè duàn shíjiān de tiáohé, ràng
having a business trip this period time of reconciliation making

沈小白 几乎 忘记了 临 走 之前 的
shénxiǎobái jīhū wàngjìle lín zǒu zhīqián de
Shen Xiaobai almost forgot about to leave before of

不快。 可是 当 她 推 开 家 门， 看到
bùkuài. Kěshì dāng tā tuī kāi jiā mén, kàndào
displeasure but when she pushed open home door saw

满 屋子 到处 都 是 吃 过 的
mǎn wūzi dàochù dōu shì chī guò de
whole house everywhere all were eatenused had ever of

外卖 盒， 厨房 的 水槽 中 堆积着 脏 碗
wàimài hé, chúfáng de shuǐcáo zhōng duījizhe zāng wǎn
take out cases kitchen of sink in piling up dirty bowls

筷， 洗衣 篮 里 的 脏 衣服 已经 满
kuài, xǐyī lán lǐ de zāng yīfú yǐjīng mǎn
chopsticks laundry basket in of ditry clothes already filled

chūlái, sànfāzhe yī zhǒng hàn chòu jiā cháng shíjiān
出来， 散发着 一 种 汗 臭 加 长 时间
out giving off a kind of sweat sting plus long time

duīfàng de nán wén qìxí. Shénxiǎobái tuī kāi
堆放 的 难 闻 气息。 沈小白 推 开
piled of difficult to smell smell Shen Xiaobai pushed open
bad

wòshì de fáng mén, Cjūn tǎng zài chuángshàng
卧室 的 房 门， C君 躺 在 床上
bedroom of room door Mr. C was lying on bed

wán shǒujī, duì shénxiǎobái de huíguī biǎoxiàn dé
玩 手机， 对 沈小白 的 回归 表现 得
playing with phone to Shen Xiaobai 's return showing –

wú bō wú lán. Shénxiǎobái zài bàofā de
无 波 无 澜。 沈小白 在 爆发 的
no waves no billows Shen Xiaobai was at explosion of
without any emotion

biānyuán, shēn xī yī kǒuqì kòngzhì zìjǐde
边缘， 深 吸 一 口气 控制 自己的
edge deeply to absorb one breath controlled own
drew

qíngxù: "Wǒ bùzài de zhè duàn shíjiān, nǐ jiù
情绪： "我 不在 的 这 段 时间， 你 就
emotion I wasn't here when this period time you then

bǎ jiālǐ nòng chéng zhèyàng? Nǐ jiù zhèyàng zhù zài
把 家里 弄 成 这样? 你 就 这样 住 在
-to- at home made into like this you just like this live in

zhège zhū wō li?" Shénxiǎobái bu zìjué de
这个 猪 窝 里?" 沈小白 不 自觉 地
this pig nest -in- Shen Xiaobai not conscientious ly

shēngyīn yuè lái yuè dà, tīngdào Shénxiǎobái de
声音 越 来 越 大, 听到 沈小白 的
voice more and more big heard Shen Xiaobai 's
loud

páoxiāo, Cjūn téngde zuò qǐ, yǎnjīng lǐ màozháo
咆哮, C君 腾地 坐 起, 眼睛 里 冒着
roar Mr. C jumped to sit up eyes in with

huǒhuā: "hái yǒu liǎn shuō wǒ, nǐ kàn kàn nǐ,
火花: "还 有 脸 说 我, 你 看 看 你,
spark even have face to say me you see see yourself
have right to judge have a look at

nǐ xiànzài hái xiàng yīgè zhèngerbājīngde nǚrén ma?"
你 现在 还 像 一个 正儿八经的 女人 吗?"
you now still look like a decent woman —

Shénme yìsi? Zhèngerbājīngde nǚrén? Shénxiǎobái dìyī
什么 意思? 正儿八经的 女人? 沈小白 第一
what meaning decent woman Shen Xiaobai first

cì bèi yòng zhèyàng de zìyǎn zhìwèn. "Shénme jiào 'hái
次 被 用 这样 的 字眼 质问。 "什么 叫 '还
time by with like this of word questioned what call still

xiàng yīgè zhèngerbājīngde nǚrén', nǐ bǎ huà gěi wǒ
像 一个 正儿八经的 女人', 你 把 话 给 我
look like a decent woman you -to- words to me
things

说 清楚，我 做了 什么 你 这么 羞辱 我"？
shuō qīngchǔ, wǒ zuòle shénme nǐ zhème xiūrǔ wǒ
say clearly i have done what you like this insult me

沈小白 面对 这样的 话语，再也 不能
Shénxiǎobái miànduì zhèyàngde huàyǔ, zàiyě bùnéng
Shen Xiaobai faced with such words any more couldn't

冷静 下来。C君 看着 气势汹汹的 沈小白，
lěngjìng xiàlái. Cjūn kànzhe qìshìxiōngxiōngde Shénxiǎobái,
calm down Mr. C saw aggressive Shen Xiaobai

没有 一点 口 不 择 言 的 歉意，反而
méiyǒu yīdiǎn kǒu bù zé yán de qiànyì, fǎn'ér
wihtout a bit mouth not choose word of apology instead
any talk recklessly

冷笑 一声。"沈小白，你 真的 不 知道
lěngxiào yīshēng. "Shénxiǎobái, nǐ zhēnde bù zhīdào
gave a cold laugh one sound Shen Xiaobai you really not know

你 现在 什么 样子 吗? 你 看看 哪
nǐ xiànzài shénme yàngzi ma? Nǐ kànkàn nǎ
you now what look — you have a look at which

一家 的 女人 和 你 一样，家务 不 做
yījiā de nǚrén hé nǐ yīyàng, jiāwù bù zuò
family of woman like you -same- housework not do

家务，饭 做 得 也 是
jiāwù, fàn zuò de yě shì
housework meal make -after verobs- also is

一 塌 糊涂， 一 出门 就是 好 几 天，
yī tà hútú, yī chūmén jiùshì hǎo jǐ tiān,
a to collapse / a complete mess | messy | once | go out | then | quite | a few | days

刚 开始 我 还 可以 容忍 你, 可是 你 现在
gāng kāishǐ wǒ hái kěyǐ róngrěn nǐ, kěshì nǐ xiànzài
just begin / at first | I | still | can | tolerate | you | but | you | now

变 本 加 厉。 听说 你 这 次
biàn běn jiā lì. Tīngshuō nǐ zhè cì
to change | original | to add | terrible / get worse | it is said | you | this | time

去 外地 还 和 好 几个 男的
qù wàidì hái hé hǎo jǐgè nánde
went to | other parts of the country | even | with | quite | several | men

一起 去 的 是吗? 这 种 事情 都 做
yīqǐ qù de shìma? Zhè zhǒng shìqíng dōu zuò
together | -to do | — | are you? | this | kind | thing | even | do

出来了 还 想要 我 怎么 说 你? 如果
chūláile hái xiǎngyào wǒ zěnme shuō nǐ? Rúguǒ
-out- | still | want | me | how | to judge | you | if

以后 有 孩子 了 你 就 打算 每天 让
yǐhòu yǒu háizi le nǐ jiù dǎsuàn měitiān ràng
in the future | have | baby | — | you | then | plan to | everyday | let

孩子 吃 外卖， 家里 也 不 打扫， 你 这样的
háizi chī wàimài, jiālǐ yě bù dǎsǎo, nǐ zhèyàngde
children | eat | take out | at home | also | not | tidy up | you | like this

女人 难怪 嫁 不 出去......" 沈小白
nǔrén nánguài jià bù chūqù...... Shénxiǎobái
woman no wonder get married not out Shen Xiaobai

看着 眼前 的 男人， 陌生 又 熟悉，
kànzhuó yǎnqián de nánrén, mòshēng yòu shúxī,
looked at in front of the eyes that man strange and familiar

是呀， 这样 理直气壮 地 指责 她 在
shìya, zhèyàng lǐzhíqìzhuàng de zhǐzé tā zài
yes like this speak with confidence -ly censured her -at-

哪里 见 过 呢?
nǎlǐ jiàn guò ne?
where seen had ever —

C君 依然 恶毒 满满地 指责着， 可是 沈小白
Cjūn yīrán èdú mǎnmǎnde zhǐzézhe, kěshì Shénxiǎobái
Mr. C still virulent full with blaming but Shen Xiaobai

的 思绪 却 回到了 她 很 小 的时候。 她
de sīxù què huídàole tā hěn xiǎo deshíhòu. Tā
's mind yet went back to shen very young when she

像 往常 一样 放学 回 家， 可是
xiàng wǎngcháng yīyàng fàngxué huí jiā, kěshì
like as usually the same after school went back home but

家里 没 人， 因为 年纪 小， 妈妈 没有
jiālǐ méi rén, yīnwèi niánjì xiǎo, māma méiyǒu
at home without anyone because of age small mum didn't
young

gěi Shénxiǎobái jiālǐ de yàoshi, suǒyǐ Shénxiǎobái zhǐ
给 沈小白 家里 的 钥匙, 所以 沈小白 只
give Shen Xiaobia house of key so Shen Xiaobai only

néng zuò zài jiā ménkǒu de lóutī shàng děngdài.
能 坐 在 家 门口 的 楼梯 上 等待。
could sit on home door gate of stairs -on- waiting

Nèitiān de shíjiān shì nàyàngde màncháng a, tā shùzhe
那天 的 时间 是 那样的 漫长 啊, 她 数着
that day of time was so long — she counted

tiānshàng piāoguò de yúncai, kànzhe jiē biān
天上 飘过 的 云彩, 看着 街 边
in the sky floated across that clouds looked at street side

zhuīgǎn liúlàng gǒu de xiǎohái, zhídào tiān dū cā hēi
追赶 流浪 狗 的 小孩, 直到 天 都 擦 黑
chased stray dog who kids until sky all to rub black
dusk

le, kěshì māma háishì méiyǒu huílái. Wǎngcháng zhège
了, 可是 妈妈 还是 没有 回来。 往常 这个
— but mum still didn't come back as usual this

shíhòu, tā yǐjīng chī wán fàn zài zuò
时候, 她 已经 吃 完 饭 在 做
moment she already eating had finished -meal- was doing

zuòyè leba? Shénxiǎobái hǎo wěiqū ya,
作业 了吧? 沈小白 好 委屈 呀,
homework — Shen Xiaobai very mucho felt wronged —

māma nǐ zài nǎlǐ ya? Qítā xiǎopéngyǒu dōu huí
妈妈 你 在 哪里 呀? 其他 小朋友 都 回
mum you are where — other kids all went back

jiā le...... xiǎngzhuó xiǎngzhe shénxiǎobái jiù kūle
家 了...... 想着 想着 沈小白 就 哭了
home — thinking thinking Shen Xiaobai then cry
while thinking

qǐlái, jīngdòng le zhōuwéide línjū, dàjiā dōu shì
起来, 惊动 了 周围的 邻居, 大家 都 是
began to disturbed — around neighbour everyone all was

zhùle hěnduō nián de lǎo jiēfāng, wèn qīngchǔ yuányóu
住了 很多 年 的 老 街坊, 问 清楚 原由
lived many years that old neighbour asked clearly reasons
find out

zhīhòu fēnfēn ràng shénxiǎobái dào zìjǐ jiā qù xiān
之后 纷纷 让 沈小白 到 自己 家 去 先
after all let Shen Xiaobai go to their own house to first

dāi yīhuǐ. Kěshì nà shí de zìjǐ wèishéme nàyàng
待 一会。 可是 那 时 的 自己 为什么 那样
stay a while But that time of herself why so

juéjiàng ne? Zhíyì yào yībiān kū yībiān
倔强 呢? 执意 要 一边 哭 一边
stubborn - insist on had to -at the same time- cried while

děng zìjǐde fùmǔ, ér zìjǐde kūshēng zhāoláile
等 自己的 父母, 而 自己的 哭声 招来了
waiting for her own parents but her crying attracted

gèngduō 更多 more
línlǐ 邻里 neighhours
de 的 of
wéiguān, 围观, surround and watch
shénxiǎobái 沈小白 Shen Xiaobai
de 的 's

bàba 爸爸 dad
hái 还 still
méiyǒu 没有 didn't
zǒu 走 walk
jìn 近 close to
zìjǐ 自己 his own
jiā, 家， house
línjū 邻居 then
āyí 阿姨 auntie

jiù 就 then
jíjí 急急 in a hurry
xiàngqián 向前 forward
bēn, 奔， ran
shuō 说 saying
"kuàizǒu 快走 hurry
ba, 吧， —
nǐ 你 your

jiā 家 -family-
xiǎobái 小白 Xiaobai
kàn 看 saw
nǐmen 你们 you
liǎngkǒuzi 两口子 two
méi 没 didn't
lái, 来， come
zài 在 at
ménkǒu 门口 doorway

kū 哭 is crying
ne, 呢， —
háizi 孩子 the kid
kū 哭 cries
dé 得 so

sī 撕 to tear
xīn 心 heart
liè 裂 to crack
fèi 肺 lung
de, 的， —
shéi 谁 whoever
quàn 劝 persuades
dōu 都 all
heart-wrenchingly

méiyòng......" 没用......" useless
nèitiān 那天 that day
de 的 of
shénxiǎobái 沈小白 Shen Xiaobai
bèi 被 by
bàba 爸爸 dad
hēizhe 黑着 darkened

liǎn 脸 (with) face
lǐng 领 led
jìn 进 into
wū, 屋， house
zhǔle 煮了 cooked
yī 一 a
bāo 包 pack
pàomiàn 泡面 instant noodles

当做 dàngzuò (as) 晚饭。 wǎnfàn. (supper) 沈小白 Shénxiǎobái (Shen Xiaobai) 那天 nèitiān (that day) 也 yě (-also-) 不 bù (didn't) 知道 zhīdào (know)

妈妈 māma (mum) 什么 shénme (what) 时候 shíhòu (time) 回来 huílái (came back) 的, de, (—) 那 nà (that) 时候 shíhòu (moment) 她 tā (she)

已经 yǐjīng (already) 睡着了, shuìzháole, (had fallen alseep) 是 shì (was) 被 bèi (by) 争吵 zhēngchǎo (arguing) 的 de (of) 声音 shēngyīn (sound)

吵醒的。 chǎoxǐngde. (woken up) 哦, Ó, (oh) 对了, duìle, (right) 沈小白 shénxiǎobái (Shen Xiaobai) 终于 zhōngyú (finally) 想起 xiǎngqǐ (came to mind)

C君 Cjūn (Mr. C) 的 de ('s) 脸 liǎn (face) 为什么 wèishéme (why) 那样 nàyàng (so) 熟悉 shúxī (familar) 了, le, (—) 对了, duìle, (right) 那 nà (that)

就是 jiùshì (was) 爸爸 bàba (dad) 那天 nèitiān (that day) 对 duì (to) 妈妈 māma (mum) 质问 zhìwèn (questioned) 的 de (that) 样子, yàngzi, (face) 连 lián (even)

话语 huàyǔ (words) (what he said) 都 dōu (all) 是 shì (was) 如 rú (as) 出 chū (out) 一 yī (one) 辙。 zhé. (trace of wheel) (exactly the same) 沈小白 Shénxiǎobái (Shen Xiaobai)

看不到 kànbùdào (didin't see) 妈妈 māmā (mum) 的 de ('s) 脸, liǎn, (face) 只 zhǐ (only) 能 néng (could) 看到 kàndào (see) 那个 nàgè (that) 瘦弱 shòuruò (emaciated)

nǚrén sǒngdòngzhe jiānbǎng, chuàiqìzhe. Tā yìdiǎn dōu
女人 耸动着 肩膀， 啜泣着。 她 一点 都
woman shrugging shoulder sobbing she any at all

méiyǒu zéguài māma de yìsi a, māma yǐjīng
没有 责怪 妈妈 的 意思 啊， 妈妈 已经
didn't have blaming on mum of meaning — mum already

zuòde gòu hǎode le. Tā hěnshào bù chī
做得 够 好的 了。 她 很少 不 吃
had done enough good — shen barely didn't eating without

zǎocān qù xuéxiào, cónglái méiyǒu chuān guò
早餐 去 学校， 从来 没有 穿 过
breakfast went to school have ever not worn had ever

zàng yīfú, tóngxué lái jiālǐ dōushì chēngzàn tāmen
脏 衣服， 同学 来 家里 都是 称赞 他们
dirty clothes classmates came home all praised their
came to visit

jiā fēicháng gānjìngde ya. Shénxiǎobái hěn zì zé,
家 非常 干净的 呀。 沈小白 很 自 责，
home very clean — Shen Xiaobai very herself blamed

yīdìng shì yīnwèi tā de yuányīn ba, shì tā bù dǒngshì,
一定 是 因为 她 的 原因 吧， 是 她 不 懂事，
must be because her of reason — was her not mature

suǒyǐ māma cái huì zhèyàng wěiqu, kěshì tā
所以 妈妈 才 会 这样 委屈， 可是 她
therefore mum then would so suffer wronged but she

| méiyǒu | gǎn | zhàn | chūlái | wèi | māma | shuō | yījù | huà. |
|---|---|---|---|---|---|---|---|---|
| 没有 | 敢 | 站 | 出来 | 为 | 妈妈 | 说 | 一句 | 话。 |
| didn't | dare | to stand | out up | for | mum | say | one | word |

| Bùjiǔ | zhīhòu | māma | jiù | cízhí | le, | zuò | qǐle |
|---|---|---|---|---|---|---|---|
| 不久 | 之后 | 妈妈 | 就 | 辞职 | 了， | 做 | 起了 |
| not soon | later | mum | then | resigned | – | to be | started to |

| quánzhí | tàitài. |
|---|---|
| 全职 | 太太。 |
| full time | housewife |

| Shénxiǎobái | cóngwèi | wèn | guò | māma | zuò | zhè | zhǒng |
|---|---|---|---|---|---|---|---|
| 沈小白 | 从未 | 问 | 过 | 妈妈 | 做 | 这 | 种 |
| Shen Xiaobai | have never | asked | have ever | mum | make | this | kind |

| xuǎnzé | shìbùshì | kāixīn, | shìbùshì | chūyú |
|---|---|---|---|---|
| 选择 | 是不是 | 开心， | 是不是 | 出于 |
| choice | whether or not | happy | whether or not | came from |

| běnxīn, | tā | hé | mǔqīn | yě | cóngwèi | jiāoliú |
|---|---|---|---|---|---|---|
| 本心， | 她 | 和 | 母亲 | 也 | 从未 | 交流 |
| heart | she | and | mum | neither | have never | talked about |

| guò | zhèxiē | shìqíng. | Kěshì | rújīn | shíkōng | pèngzhuàng, |
|---|---|---|---|---|---|---|
| 过 | 这些 | 事情。 | 可是 | 如今 | 时空 | 碰撞， |
| have ever | these | things | but | nowadays | tiime | collide |

| tā | sìhū | biànchéngle | duō | nián | qián | de | mǔqīn, | tā |
|---|---|---|---|---|---|---|---|---|
| 她 | 似乎 | 变成了 | 多 | 年 | 前 | 的 | 母亲， | 她 |
| she | seemed | bacame | many | years | ago | of | mum | she |

也是瘦弱的，她也在面对另外一个男人理直气壮的质问。如果这一刻她也为了维持一段感情做了取舍，怎样才是最优解呢？

"我们分手吧"。C君显然没有想到眼前这个在婚姻市场上并不讨喜的女人，会如此硬气，他应该是目前沈小白能找到的

性价比 最好的 男人 了吧？ "你可
xìng jià bǐ zuìhǎode nánrén leba? "Nǐkě
functionality price ratio the best man — you'd better
performance-price ratio

想好 了， 就 为 这么点 事情， 你 就 和
xiǎnghǎo le, jiù wèi zhèmediǎn shìqíng, nǐ jiù hé
think it over — just for the little thing you then with

我 分手 了"? 是呀， 在 C君 心里， 这 只不过
wǒ fēnshǒu le"? Shìya, zài Cjūn xīnlǐ, zhè zhǐbùguò
me break up — yes in Mr. C heart this only

是 一个 不 懂事的 女人 需要 的 调教， 他 做
shì yīgè bù dǒngshìde nǚrén xūyào de tiáojiào, tā zuò
was a not mature woman needed that to teach he did
lesson

的 事情 只不过 是 让 这个 女人 认 清
de shìqíng zhǐbùguò shì ràng zhège nǚrén rèn qīng
that things merely was let this woman recognize clearly

自己的 位置， 好好 在 家 相 夫 教
zìjǐde wèizhì, hǎohǎo zài jiā xiàng fū jiào
her own position properly at home assist husband educate

子， 可 偏偏 这个 女人 有点
zǐ, kě piānpiān zhège nǚrén yǒudiǎn
child but just this woman somewhat

不 识 时务。 可是 对于 沈小白 却
bù shí shíwù. Kěshì duìyú shénxiǎobái què
not know current situation but to Shen Xiaobai yet
show no understanding of the times

不是，她 努力 读书，努力 工作，一切的 努力 都
bùshì, tā nǔlì dúshū, nǔlì gōngzuò, yīqiède nǔlì dōu
not she hard studied hard work all efforts all

是 想要 摆脱 自己 童年的 梦魇，不要
shì xiǎngyào bǎituō zìjǐ tóngniánde mèngyǎn, bùyào
-were- want to get rid of her childhood nightmare not

再 像 自己的 母亲 一样，放弃 自己的
zài xiàng zìjǐde mǔqīn yīyàng, fàngqì zìjǐde
anymore like her mother the same to give up her

人生，自私 也好，妄想 也罢，她
rénshēng, zìsī yěhǎo, wàngxiǎng yěbà, tā
life to be selfish or not wishful thinking or not she

一定 不 能够 走上 母亲 的 老路。
yīdìng bù nénggòu zǒushàng mǔqīn de lǎolù.
must not can walked mother's 's old way
fell into

沈小白 知道 只要 自己 不 嫁 出去，
Shénxiǎobái zhīdào zhǐyào zìjǐ bù jià chūqù,
Shen Xiaobai knew as long as herself not get married -out-

她 和 她 父母 的 拉锯 战 就 不 会 结束，
tā hé tā fùmǔ de lājù zhàn jiù bù huì jiéshù,
she and her parents of seesaw battle then not would end

但是 这么 久 她 也 习惯了 这个 社会 传递
dànshì zhème jiǔ tā yě xíguànle zhège shèhuì chuándì
but so long she also was used to this society pass

| 给 | 女性 | 的 | 性别 | 以及 | 年龄 | 焦虑, | 可是 | 这 | 并 |
|---|---|---|---|---|---|---|---|---|---|
| gěi | nǚxìng | dì | xìngbié | yǐjí | niánlíng | jiāolǜ, | kěshì | zhè | bìng |
| to | females | of | gender | and | age | anxiety | but | this | at all |

| 不是 | 妥协 | 的 | 理由。 | 不管 | 以后 | 她 |
|---|---|---|---|---|---|---|
| bùshì | tuǒxié | de | lǐyóu. | Bùguǎn | yǐhòu | tā |
| was not | to compromise | of | reasons | no matter | in the future | she |

| 会不会 | 选择 | 步 | 入 | 婚姻, | 都会 | 是 | 她 |
|---|---|---|---|---|---|---|---|
| huìbùhuì | xuǎnzé | bù | rù | hūnyīn, | dūhuì | shì | tā |
| would or not | choose | step | into | marriage | all woudl | be | her |

| 自己的 | 一 | 种 | 选择, | 而 | 不是 | 因为 | 谁的 |
|---|---|---|---|---|---|---|---|
| zìjǐde | yī | zhǒng | xuǎnzé, | ér | bùshì | yīnwèi | shéide |
| own | one | kind | choice | but | not | because of | whoever's |

| 胁迫, | 她 | 现在 | 只 | 当 | 相亲 | 是 | 一 | 种 |
|---|---|---|---|---|---|---|---|---|
| xiépò, | tā | xiànzài | zhǐ | dāng | xiāngqīn | shì | yī | zhǒng |
| coercion | she | now | only | treat | blind dating | as | a | kind |

| 茶余 | 饭后 | 的 | 消遣 | 活动, | 她 | 爸 |
|---|---|---|---|---|---|---|
| cháyú | fànhòu | de | xiāoqiǎn | huódòng, | tā | bà |
| over a cup of tea at one's leisure | after a meal | of | leisure | activities | her | dad |

| 妈 | 把 | 她 | 逼 | 急 | 了 | 就 | 去 |
|---|---|---|---|---|---|---|---|
| mā | bǎ | tā | bī | jí | le | jiù | qù |
| mum | -to- | her | push | too far | — | then | go to |

| 打 | 个 | 卡, | 她 | 爸 | 妈 | 消停 | 了, |
|---|---|---|---|---|---|---|---|
| dǎ | gè | kǎ, | tā | bà | mā | xiāoting | le, |
| hit | a | card | her | dad | mum | stop | — |
| to punch in and out (in scenic spots) | | | | | | | |

tā jiù jìxù kuàikuàilèlè qù guò zìjǐde shēnghuó.
她 就 继续 快快乐乐 去 过 自己的 生活。
she then goes on happily to live her life

Huàn gè wèizhì xiǎng yī xiǎng, zìjǐ yěxǔ yěshì
换 个 位置 想 一 想, 自己 也许 也是
change a position to think one think herself maybe also is
give a thought

biérén kǒuzhōng de xiāngqīn wùzhǒng, shēnghuó ma,
别人 口中 的 相亲 物种, 生活 嘛,
others mouth of blind dating species life —

bùguò ǒu'ěr xiào xiào biérén, zài bèi biérén
不过 偶尔 笑 笑 别人, 再 被 别人
just once in a while to laugh to laugh others then by others
to laugh

xiàoxiào.
笑笑。
is laughed

Méiyǒu yī kē qiáng xīnzàng zěnme xíngzǒu
没有 一 颗 强 心脏 怎么 行走
without a -for organs- strong heart how walk

jiānghú ne? Zhòngyàodeshì zhīdào zìjǐ yào
江湖 呢? 重要的是 知道 自己 要
rivers and lakes — what's important knowing yourself want

shénme, bìngqiě wèi zìjǐ huó dé gènghǎo.
什么, 并且 为 自己 活 得 更好。
what and for yourself to live even better